教科書には載っていない！
戦前の日本
～ The Stories of Prewar Japan ～
武田知弘
彩図社

JN170609

はじめに

「戦前の日本」と聞いて、どのようなイメージを思い浮かべるだろうか？

世界を未曾有の戦乱に巻き込んだ、「軍国主義国家」の姿だろうか。

それとも、治安維持法や検閲制度などで国民の思想を統制した「暗黒の時代」だろうか。

いずれも、間違いではない。

日本は、太平洋戦争を引き起こした主役のひとりである。

大戦前夜、日本では軍部が台頭し、国民もまた戦争に駆り立てられていった。「軍国主義」や「暗黒の時代」は、まさに戦前を象徴するかのようなイメージであろう。

だが、それはあくまで戦前の日本の一面でしかない。

明治維新後、日本は歴史上、他に類を見ないほど猛烈な躍進を遂げた。

近代化、富国強兵を掲げて工場を建て、世界を相手に商売をする。国民の所得も飛躍的に上昇し、それまで見たことも聞いたこともなかった西洋の文化が続々となだれ込んでくる。経済、文化の両面で非常に充実した時代、それが戦前の日本のもうひとつの顔だといえるのである。

しかし、当時の人々がどのような暮らしを送っていたのかというと、その具体的な情報は驚くほど少ない。果たして、本当に暗黒の時代だったのか。当時の人々には何の楽しみもなかったのか。そこを解き明かすのが、本書の趣旨である。

思想的な解釈をせずに見た場合、戦前の日本ほど面白い時代はない。

ほんの少し前までちょんまげを結っていたような国民が、戦艦を動かし、デパートの食堂でハヤシライスを食べ、ポルノ写真を眺めている。

また、今でいうヤクザの親分の国会議員がおり、華族という特権階級がいるかと思えば、街には残飯で命をつなぐ何十万もの貧民がうごめいている。

一口では説明できないほどの多様さと雑然さ。それが戦前の日本だったのだ。

戦前といっても、明治維新から開戦まで80年近くもある。この期間をひっくるめて扱うにはムリがあるので、本書では昭和初期（元年〜14年くらいまで）を主なターゲットとすることにした。

巨大飛行船ツェッペリン号が上空を舞い、忠犬ハチ公が渋谷駅に日参し、アジアの留学生たちが東京で革命謀議を巡らせていたその時代……。

本書を読めばきっと、今からわずか数十年前の日本はこんな社会だったのか、と驚嘆されることだろう。

教科書には載っていない！ 戦前の日本 ―目次―

【第二章】本当は凄い！ 戦前の日本

【第三章】古くて新しい戦前の暮らし

【第一章】不思議の国「戦前の日本」

【地域のボスが国会に登場】

国会議員にヤクザの親分がいた

●国政に名を残す親分議員

国会議員と聞いて、どのようなイメージを抱くだろうか？

海千山千の老獪な大御所議員か、それとも失言で話題を振りまくお粗末議員か、はたまた虚名を博するタレント議員か。衆議院と参議院を合わせると、その定員は717名。現代の国会にも変わり者は多いが、戦前の日本には、それら個性派議員とは一線を画するようなかなりの強面がいた。

その男の名は、吉田磯吉。福岡は筑豊地帯に根城を持ち、抱える子分は数知れない。「九州一の大親分」「天下の大親分」とまで称された任侠者、今でいうところのヤクザの大親分である。

厳粛な国会の場にヤクザが立つ、というのは現代では考えられないことかもしれない。

しかし、戦前は違った。

戦前の日本には、「地域のボス」とでもいうべき、特殊な存在がいた。

急激な経済発展に伴い、戦前期の日本では大規模な人口移動が起きていた。職を求める人々は都市部や炭鉱地などに流入して、新しい街や地域が作られていく。だが、人が増えたことによってトラブルも頻発するようになる。古くからの住民と新参者、あるいは新参者同士が揉め事を起こし、暴力沙汰になることも珍しくなかった。そこで、そうしたトラブルを解決する存在が自然に生まれるようになる。それが「地域のボス」なのである。

地域のボスは、荒くれ者や不満分子を力ずくで押さえ込んだ。そのうち、顔役であるボスのもとには、何百人、何千人という子分が集まるようになる。その集団は、現在であれば、「暴力団」と定義されるかもしれない。だが、戦前の社会は、そういう集団を半ば容認していたのである。

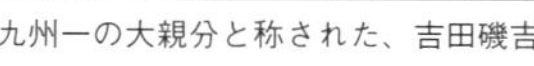
九州一の大親分と称された、吉田磯吉

そして、その代表格ともいえるのが、吉田磯吉だったのだ。

●九州の大親分

吉田磯吉は、もともと筑豊炭鉱の近くを流れる遠賀川の船頭だった。だが、その恵まれた体躯と並外れた度胸で頭角を現し、地域の荒くれ者を束ねる顔役になる。そして、明治33（1900）年頃には、対抗勢力を駆逐し、北九州一帯の炭鉱関係者を従えるまでに勢力を拡大。その後は全国各地のボスとも繋がりを持ち、次第に社会に対して無視できない影響力を持つまでに至った。

そんな吉田磯吉を象徴する事柄に「放駒事件」というものがある。

明治42（1909）年、大阪相撲協会に所属する大関、放駒[※①]が東京大相撲に移籍すると発表した。当時の大相撲は、東京と大阪のふたつの団体に分かれていた。相撲取りの身分は所属する団体に握られていたため、勝手な移籍は許されないことだった。しかし放駒は大阪での待遇に不満を持ち、あえてタブーを犯して移籍しようとしたのである。

この一件は、大きな波紋を呼んだ。当時、大相撲といえば人気ナンバーワンのスポーツだったため、新聞各紙はこぞってこの話題を取り上げた。また、水面下では、興行に関わるヤクザの親分や地域のボスたちが互いに意地と面子を張り合ったので、問題はこじれにこじれ、複雑怪奇な様相を呈していた。

そんな中、弱った関係者が吉田磯吉に仲介を打診した。

事件に関係するボスたちの顔を立てて、うまく解決に導いて欲しいとの狙いだった。

依頼を受けた磯吉は、さっそく放駒の移籍を渋っている関西の顔役のもとに赴いた。その際、磯吉は死をも覚悟していたといわれるが、その顔役とは五分の兄弟分だったのが幸いして、顔役は説得の言葉に耳を傾けた。その結果、磯吉は顔役から放駒の移籍の容認を引き出し、事件を解決したのである。この仲裁劇は読売新聞などの全国紙でも報道され、磯吉の名は一躍広まることになった。

大正４年、衆議院議員選挙に初当選した吉田磯吉（右）

また、磯吉は「ストの調停」でも名をなした。

高まる社会主義思想の影響か、大正から昭和初期にかけての日本では、全国でストライキが頻発していた。しかし、当時はまだ労働法も整備されておらず、公的な調停機関もなかったため、争議がこじれて流血騒ぎになることもしばしばだった。そのため、労働者のまとめ役でもある地域のボスに、調停の依頼が舞い込んできたのである。

調停の打診を受けた地域のボスは、企業から労働者側に有利な譲歩を引き出す一方で、腕力をチラつかせてストライキを押さえ込んだ。このやり方は、当時の社会制度の中では有効な解決策だったのである。

吉田磯吉は、こうしたストの調停のプロパーともいえる存在だった。

彼は旭硝子争議[※②]、三井炭坑の長崎沖仲仕紛争[※③]など、数々の争議を調停し、吉田磯吉にかかればどんな困難な争議でも必ず解決する、とまでいわれるようになった。

もちろんそのやり方は、きれいなものばかりではない。ときには子分を使って暴力沙汰を起こしたり、威嚇したりすることもあった。

たとえば、昭和2年に福島県の労働争議に介入したときには、組合潰しのために、50人の荒くれ者を送っている。この50人は「九州の暴力団」として地元の警察に逮捕され、同時に隠し持っていた竹やりなども押収されている。彼らは後に釈放されたが、その裏では磯吉の働きかけがあったのではないか、などともいわれている。

●親分議員の誕生

こうして社会的な影響力を強めていった磯吉は、大正4（1915）年、ついに国政に打って出る。衆議院議員選挙に立候補し、見事、福岡県トップの得票数を得て当選するのである。

それから吉田磯吉は昭和7（1932）年に引退するまで、およそ20年の間、国会議員を務めた。その豊富な議員生活の中には、思わず唸るようなエピソードもある。

それは「郵船会社事件」である。

郵船会社事件とは、大正10年に起きた政治スキャンダルで、当時の新聞がこぞって報道した社会的な事件だった。

その事件のあらましは、次のようなものだった。

当時の政党政治をリードしていた政友会は、更なる利権固めを目論み、右翼団体と結託。郵船会社の乗っ取りを企てたのだ。計画では、乗っ取りは右翼団体に繋がる暴力団組員などを郵船会社の株主総会に送り込み、その混乱に乗じて行われる手はずになっていた。その計画を知って立ち上がったのが磯吉だった。

磯吉は、配下一門から百余名の決死隊を集めると、総会が開かれる会場付近に配備した。刻一刻と過ぎる時間。磯吉の決死隊の迫力に、ついに政友会は手を出すことができなかった。乗っ取り計画を水際で防いだのである。

事件後、磯吉は新聞記者たちに次のように語ったという。

「紳士がたを暴力で圧迫するとは何事です！　私は郵船に恩も恨みもないが、暴力で不当な野心を遂げようとする者があると聞いては黙っていられない。かかる問題は一会社の問題じゃない。国を危うくするもととなる。いわんや郵船会社は単なる営利会社とは性質が違う。これに対して警察当局もいっこう手を出さんようだから、私は最後の決意をしたのです。数字で争うべきを暴力で争うとは何事かい」

ヤクザのことを古くは任侠者と呼んだ。任侠とは、仁義を重んじ、困窮する他者のために進んで身体を投げ出せる精神のことをいう。

地域のボスは、任侠の精神を持つ者が少なくなかった。そして中には、磯吉のように国政の場で活躍する者もいたのである。

大正11（1922）年2月17日の中外商業新報※④には、「代議士武勇伝」というタイトルのコラムで、次のような文が載った。

何時も金仏のように黙然と控え、しかれども一朝事あるときは何事かを引き起こさん面構えをしているのに吉田磯吉親分がある。磯吉親分は、人も知る炭抗太郎として九州に大縄張を持ち、今幡随院の名さえある人だけに、勇においては他に匹敵する人はあるまいというから、未来の選良とするものの好典型だろう。

次いでは山本内閣当時投票箱を踏蹂った綾部惣兵衛さんが昔取った杵柄はどうんなもんでえ。腕づくなら何時でも来いと助六気取りで控えてござる。

続いては、臨時議会の時、国勢院総裁小川平吉さんを速記台下で殴り飛ばそうとして一大波瀾を捲起した三浦郡の大親分小泉又次郎さん[※⑤]でひと肌脱げば倶利迦羅紋々の凄い人である。その他長脇差しで有名な信州産の親分木檜三四郎さん、暴れ坊主の蛮寅で聞こえた中野寅吉さんと、なかなかもってこちらも多士済々～後略～

この記事は、ヤクザ代議士を揶揄しているものだが、こういう記事が書かれるほど、「地域のボス」あがりの代議士が多かったということだろう。

ちなみに小泉又次郎というのは、元首相小泉純一郎の祖父。全身に入れ墨があることから「いれずみの又さん」とも呼ばれていた。

「いれずみの又さん」こと、小泉又次郎

吉田磯吉は、昭和11（1936）年に70歳で息を引き取った。地元の福岡で行われた葬儀には、降雪の中、2万人が焼香に訪れたといわれている。

戦後、マスコミが発達し、ヤクザが非合法集団というレッテルを貼られてからは、ヤクザの親分が国会議員になるというようなことはなくなった。親分代議士というのは、良くも悪くも戦前の社会の一面を表しているものだといえるだろう。

【注釈】

※①**放駒（はなれごま）**……明治15年生まれ。現役時代は167センチ109キロ。大阪の朝日山部屋に入門し、10年で大関に昇進。「放駒事件」で東京に移籍後、相生杢五郎（あいおい・まつごろう）の四股名で相撲をとる。素行が悪く脱走を繰り返し、最後は台湾で客死。東京相撲協会での最高位は、関脇。

※②**旭硝子争議**……昭和元年に旭硝子の北九州工場においてガラス工らが起こした賃上げストのこと。ガラス工は熟練職で、かつ危険も多かったため賃金の割増を要求したが、会社が拒否した。吉田が介入し、最終的には労働者側に金一封を出すことで解決したといわれる。

※③**三井炭坑の長崎沖仲士紛争**……北九州の三井炭坑抗議に刺激を受け、三井炭坑長崎の沖仲士たちが三井の傘下に入るのを拒んだスト。吉田は「直営になれば君たちも三井の社員じゃないか」と説得した。

※④**中外商業新報**……現在の日本経済新聞である。

※⑤**小泉又次郎**（1865〜1951）……政治家。横須賀市長や逓信大臣、衆議院副議長を歴任した。全身にあった刺青は若い頃に、軍人を諦めてとび職人になる決意の表明として彫ったものといわれる。その後、娘婿の純也が地盤を引き継ぎ、孫の純一郎へと渡った。

【意外とおおらかだった戦前の性】

合法的な売春地帯「遊郭」

●政府当局に公認された売春

現代の日本では、売春はやってはいけないこととされている。

売買春を規制する売春防止法によると、売春宿などを経営して売春行為をさせた者は10年以下の懲役、及び30万円以下の罰金。※①買った側と売った側が処罰されないのは制度上の大きな欠点だが、現代の日本では売春は違法行為である。

ところが、戦前は違った。

売春は、お国に認められた立派な産業だったのである。

戦前の日本には、公娼制度というものがあった。

公娼制度とは、国から許可を受けた貸※②座敷業者だけが売春を行っていいという制度である。公娼の文字を分解すると、公の娼婦になる。売春婦の存在そのものが国に公認されていたのだ。

この制度では、売春業を行うにあたって、厳しい取り決めがされていた。

貸座敷業はどこでもやっていいというわけではなく、開業できるのは国が許可した場所に限られていた。この合法的な売春地帯は、東京では吉原[※③]、大阪では飛田新地[※④]などが有名である。

業者は、娼妓たちの名簿を提出し、定期的に性病検査を受けさせる義務を負った。また、公娼になるには、尋常小学校卒業以上の学歴が必要で、親の経済が逼迫していること、親が不動産を持っていないことなどの条件が設けられていた。当時の公娼は、実家の家計を助けるためにやむなく身売りされるケースが多い[※⑤]。前述の条件は、娘を簡単に売らせないために作られたものだったのだろう。

そうして公娼になると、束縛一色の暮らしを余儀なくされた。

公娼は指定された地域以外に住むことはできなかった。また、貸座敷業者の許可なしには外出することもままならなかった。給料の大部分は前借金の返済に充てられるため、経済的な自由もない。公娼たちはカゴの中の鳥さながらの日々を送りながら、客をとり続けたのである。

こうした不自由な暮らしを脱しようとしても、そう簡単に抜け出すことはできなかった。貸座敷を脱走して警察に駆け込んでも、警察は業者と癒着していた。警察は話し合いをさせるという名目で業者の下に送り返すか、勾留所に一晩泊めて廃業を思いとどまらせるのが常だった。

それでも運がよければキリスト教系の慈善団体などの手を借りて、廃業することもできたが、

大正時代の吉原。飾り窓がある西洋風の建物が並んでいる

それは極めて稀なことだった。

大正14（1925）年の調査では、全国に貸座敷業者は1万者あり、そこで働く娼妓は5万人もいたとされている。昭和初期には、不景気のため、東北地方などの農村では身売りされる娘が急増した。そのころの小学校卒業者の、少なくとも76人に1人が売春をしていたともいわれている。

●女郎部屋は普通の遊びだった

戦前の暗部の象徴のようなイメージがある「遊郭」や「女郎部屋」だが、男性にとっては身近なレジャーだった。

戦前といえば貞操観念にうるさいイメージがあるが、当時は男性の性に限っていえば今よりも寛容だった。そのため、男の子が15、6歳になると、親や親戚が「筆おろし」[※6]に連れて行くなどということが平然と行われていた。現代人の感覚からするとなんだか嫌な感じがするが、自分の娘を身売りするような農村でも、成人を迎えた男子を遊郭に連れて行く習慣があったというから驚きである。ある年に行われた徴兵検査によると、その年に検査を受けた者の、実に9割以上の者が公娼や私娼で遊んだ経験があった。公娼や私娼の存在が、それほど当たり前だったということだろう。

昭和4（1929）年の吉原では、泊まりが3円〜10円、4時間コースならその半額ぐらいが相場だった。当時の3円を現在の貨幣価値に換算すると、およそ1万円。高級遊郭とされた吉原でも1万円から遊べたということになる。ちなみに、当時、丸の内ビルの日本料理屋で食べるうな重が2円ぐらいだった。これが、モグリの私娼窟になるとグッと値が落ち、玉の井[※7]では2円から5円で遊べた。

こうした貸座敷には、値段や格式に応じて「本部屋」と「回し部屋」があった。「本部屋」は、6畳から8畳くらいの広さがあって、長火鉢や茶箪笥、鏡台などが備え付けてある。布団は派手な色の絹製で料金も割高だった。

「回し部屋」というのは、別称ブタ小屋などとも呼ばれた小部屋で、3畳ほどの破れ障子の部屋がいくつも並んでおり、電灯も2室に1個ぐらいしかない。この部屋の料金は安く、布団は木綿。4畳半の部屋を屏風1枚で2つに区切っているようなところもあった。

昭和初期の吉原仲之町。江戸情緒が感じられる、なんとも言えない雰囲気だ

現在でも盛り場を夜歩けば、ポン引きに声をかけられることがある。当時もそのような客引きが存在していた。

彼らは往来を行く人に声をかけ、「2円のところを1円50銭にする」などと言って、店に引っ張り込む。ポン引きの言い値を信じて店に入ると、受付では海千山千の遣り手婆さんがおり、なんやかや理由をつけて値段を釣り上げてきた。そのため、結果的に2円よりも多く払う羽目になることが多かった。

よしんば、ポン引きの言い値で入店できたとしても、部屋の中では娼妓が言葉巧みに別料金を請求してきたり、無理やり飲み食いさせられるなどして、料金を膨らませてきた。そうしていざことに運ぼうとしたら、指名した娼妓とは別の娘が出てくる、などということもままあったようだが、ほとんどの場合は客が甘受していたようである。

こうした人身売買に基づく公娼制度は、戦後、ＧＨＱの手によって廃止された。その後も、しばらく赤線地帯として営業を続けたが、昭和33（１９５８）年に施行された売春防止法[※⑧]で遊郭や貸座敷は消滅したことになっている。

だが、それらの風俗店がソープランドやデリヘルなどと称して、半ば公然と営業を続けているのは周知の通りである。

売春は人類史上、もっとも古い職業などともいわれる。

性への欲求がある限り、春を巡る攻防は姿や形を変えて永遠に続いていくことだろう。

【注釈】

※①**買った側と売った側が処罰されない**……客や売春婦が処罰されないのは、一般の男女交際でもしばしば金品の授受（プレゼントなど）があるため、一般的な男女交際と売買春との線引が難しいから、とも言われている。

※②**貸座敷業者**……明治になると遊郭も「人身売買」と問題視されはじめた。そこで明治6年に貸座敷渡世規則が制定。「業者は座敷を貸すだけで、そこで娼妓が自分の意志で客をとる」という建前になった。

※③**吉原**……現在の東京都台東区千束。江戸時代、幕府公認の日本最大規模の遊郭があり、いまでも日

本有数の風俗街（ソープランドが多い）である。

※④**飛田新地**……現在の大阪市西成区にあった遊郭。大正５（１９１６）年に築かれた。現在でも日本有数の風俗街であり、往時をしのばせるような歴史ある建物が並んでいる。

※⑤**やむなく身売りされる**……娘を売りに出す農村と、娘を買い受ける貸座敷業者の間には、女衒（ぜげん）というブローカーがいた。なかには女性を無理やりさらってきて売り飛ばすような悪質な女衒もいたという。

※⑥**筆おろし**……本来の意味は新品の筆を初めて使うこと。俗語として男性が初めて性交することを指す場合もある。

※⑦**玉の井**……戦前から戦後にかけて、現在の東京都墨田区東向島あたりにあった私娼窟。永井荷風の代表作『濹東綺譚』は、同地を舞台に書かれた。

※⑧**売春防止法で遊郭や貸座敷は消滅**……しかし、実際は公娼制度が廃止された後も、旧公娼地帯は「赤線（あかせん）」、私娼窟地帯は「青線（あおせん）」などと呼ばれ、営業を続けていた。

【戦前もあった援助交際】

カフェの女給は「夜の蝶」

●「カフェの女給」とは何だったのか？

永井荷風の『つゆのあとさき』、谷崎潤一郎の『痴人の愛』など、多くの文芸作品に登場し、太宰治[※①]の最初の心中相手でもあった「カフェの女給」。

昭和初期の文学を読むと、かなりの頻度で行き当たることになるこのカフェの女給とは、いったい何者だったのか。疑問をもたれた方もおられるのではないだろうか。

カフェと聞くと、現代人ならば喫茶店をイメージすることだろう。そして、カフェの女給といえば、店ではたらくウェイトレスを想像するかもしれない。しかし、戦前のカフェは喫茶店というよりは、むしろスナックや風俗店に近い存在だった。

日本に初めてカフェが登場したのは、明治時代のことである。

明治44年、銀座に本格的なコーヒーを飲ませる店「ライオン」が誕生、大正13年には築地

昭和７年頃のカフェの様子。飲んでいるのはコーヒーではなく、ビールである

にも「タイガー」という店が生まれた。それ以降、カフェは全国に波及していったのだ。
　ところが、昭和初期の大阪で、カフェは妙な方向に発展する。カフェとエロの融合。今でいうところの風俗サービスを提供するカフェが登場したのである。
　昭和５（１９３０）年、大阪の北新地に、女給とキスができる接吻カフェ「ベニア」が登場。たちまち大評判になり、雨後のタケノコのように次々と同種の店が誕生した。当時の大阪には、カフェが３０００軒以上もあり、女給の数は１万２０００人を超えていたという。[※②]
　大阪で発祥した「風俗カフェ」は、その後、関東にも進出し、関東大震災から復興の途中にあった東京を瞬く間に席巻した。昭和７年のデータによれば、東京のカフェの軒数は８０００軒、女給は1万8000人を数えるほどになっていた。

これらの風俗カフェは深夜営業もしており、女給は喫茶店のウェイトレスというよりも、キャバクラ嬢に近いものだった。店からは給料は出ず、[※3]客のチップだけが収入源だった。だから、同伴やら店外デートは当たり前で、援助交際を行うこともままあった。

●エロサービスはカフェの醍醐味

〝風俗〟カフェでは、客を呼ぶために続々と新奇のエロサービスが考案された。

たとえば「地下鉄」などと称したサービスを供する店もあった。この店では、女給に穴の開いたスカートをはかせており、客がチップを払うとその穴に手を差し入れて、女給の陰部を触ることができた。

また、昭和8年には渋谷では、コーヒー1杯15銭で着物の上から乳房を触らせるか、胸の谷間を上から覗かせるというサービスも登場した。

こうした有象無象のカフェが乱立する一方で、なかにはボッタクリバーのようなカフェまで現れていた。そこで客に安心して遊んでもらうために、チケット制を導入する店もあった。これはあらかじめ購入したチケットをチップ代わりに女給に渡す、というだけのものだったが、チップの相場が分かりやすいため、評判を呼んだという。

しかし、こうした風俗カフェの隆盛は一時のことだった。時が経つにつれ、風俗カフェは徐々に姿を消していったのだ。

カフェのエロサービスは、昭和初期の大不況の頃がピークだった。不況のあおりで物価が大きく下落、風俗業も値崩れしていたためできたことだったのだ。

そのため、景気が回復すると、カフェのエロサービスは徐々になりを潜めはじめた。

しかし、エロサービスがなくなったといっても、カフェの女給は酔客相手の水商売に変わりはなかった。

永井荷風はその日記の中で、女給の存在をこう書いている。

「カツフエーの女給仕人と藝者とを比較するに藝者の方まだしも其心掛まじめなるものあり、如何なる理由に同じ泥水稼業なれど、両者の差別は之を譬ふれば新派の壮士役者と歌舞伎役者との如きものなるべし」

つまり永井荷風は、昔ながらの芸者に比べて、最近流行のカフェの女給は人情がない、と嘆いているのである。しかし永井荷風はこの「カフェの女給」に並々ならぬ興味を抱き、銀座のカフェに通いつめて、『つゆのあとさき』を書き上げているのだ。

「カフェの女給」は、昭和初期のモダンガールを象徴するものでもあり、昔から男たちの詩情をかきたててきた「盛り場の女」でもあったのだろう。

水商売をしている女性のことを「夜の蝶」ということがあるが、これはカフェの女給に由来している。カフェの女給は、白い大きなエプロンをし、ひもはリボンのように大きな蝶結びをしていた。この蝶結びから「夜の蝶」という言葉が生まれたのだ。

【注釈】

※①**太宰治の最初の心中相手**……太宰治は生涯で３度の心中事件を起こしており、最初の相手は田部シメ子というカフェの女給をしていた人妻だった。昭和５（１９３０）年、２人は鎌倉の海に身を投げ、シメ子は溺死。太宰だけ助かった。

※②**雨後のタケノコのように次々と同種の店が誕生**……この「ベニア」の成功で、「ユニオン」「赤玉」「日輪」「高橋食堂」といったカフェが登場。派手なネオンで客を呼び、店内ではジャズバンドが演奏し、ダンスホールまであった。

※③**客のチップだけが収入源**……女給は店から給料が出ないだけでなく、雑費や食費を払わされるケースもあった。そのため、女給は過激な性的サービスをしてでも、チップを引き出す必要があったのである。ちなみに、チップの相場は昭和初期で50銭から1円程度。女給の月収は、30円から60円くらいにはなったという。菊池寛がコーヒー1杯でチップを10円置いていったことがあり、話題になった。

危ないクスリが薬局で買えた！

【モルヒネから覚せい剤まで販売!?】

●薬局で買えた危ないクスリ

太宰治の『人間失格』[※1]には、次のような箇所がある。

深夜、薬屋の戸をたたいた事もありました。寝巻姿で、コトコト松葉杖をついて出て来た奥さんに、いきなり抱きついてキスして、泣く真似をしました。

奥さんは、黙って自分に一箱、手渡しました。

薬品もまた、焼酎同様、いや、それ以上に、いまわしく不潔なものだと、つくづく思い知った時には、既に自分は完全な中毒患者になっていました。真に、恥知らずの極でした。自分はその薬品を得たいばかりに、またも春画のコピイをはじめ、そうして、あの薬屋の不具の奥さんと文字どおりの醜関係をさえ結びました。

この作品は、作家の自叙伝に近い内容だといわれている。当時の若者文化を今に伝える太宰治の代表作である。作品の主人公は、薬局で処方されたモルヒネを使用するうちに、中毒に陥る。そして最後には、家族の手で強制的に精神病院に送られてしまう。

筆者は学生の頃にこの小説を読んで、妙な引っかかりを覚えたことを記憶している。モルヒネといえば、現代では、厳重な管理を要する麻薬である。その麻薬が、本当に街中の薬局で手に入ったというのだろうか。

その後、調査して驚いた。

実は、そうだったらしいのだ。

調べてみてわかったのだが、戦前の日本ではいま考えられている以上に、アヘンなどの薬物が蔓延していたのである。

もちろん、国も手をこまねいていたわけではない。

当時も麻薬の製造や販売は厳しく規制されていた。とくに、お隣の中国[※②]がアヘン禍に悩まされていたので、アヘン類に関してはとりわけ厳重に警戒していた。日本は開国当初から、各国との間で「アヘンを持ち込まない」という条約を交わしていた。また、明治維新直後の明治3年には、アヘンを無許可で販売する者は最高で死刑に処すという法律まで作っている。

大正５年の千葉県のけし畑。戦前は国内でアヘン（けし）の栽培が広く行われていた

しかし、このように国が防衛策を敷いても、麻薬はその網目をすり抜けてくる。

戦前の日本は、現在以上に中国やアジア各国との往来があった。

当時、台湾は日本領であり、朝鮮半島も併合していた。そのため、大陸に渡ってアヘンをおぼえて戻ってくる者がいたり、台湾などから麻薬患者が渡ってくることもあった。また、この頃、すでに麻薬の密売団があり、それらの手によって大陸からアヘンが持ち込まれていたという。

その結果、日本本土でもアヘンが蔓延するようになったのだ。

●戦前の薬物乱用の実態

また、当時は胃痛などの鎮痛剤として、モルヒネやヘロインを処方することがあり、それを機に中毒に陥る者も多かった。冒頭で紹介した『人間失格』の主人公もこのパターンである。

モルヒネやヘロインといえば、アヘンの成分を抽出した精製物であり、現在では麻薬に指定され、厳重に取り扱われている。しかし、当時は非常に管理が緩かった。医師や薬剤師に監視の目が行き届いておらず、なかには患者のいいなりになってモルヒネを出してしまう者もいたのである。

また、より悪質なケースでは、巨額の利益を得るために大量のモルヒネやヘロインを処方する者や、それを転売する業者まで存在していた。

昭和10（1935）年頃の調査によれば、医者の治療を受けている〝正式な〟麻薬中毒患者だけで3000人もいたという。もちろん、実際にはその数倍、もしくは数十倍の麻薬常習者がいたということである。

昭和11年に香川県で行われた大掛かりな麻薬の一斉取締りでは、100人もの検挙者が出た。男女比は男性8割で女性2割。そのうち、9割が好奇心から麻薬に手を出した者で、疾病から中毒になったのはごく少数だった。

当時の麻薬中毒者といえば、どちらかというと「社会のはみ出し者」だった。

麻薬との出会い方は、男性の場合、盛り場に出入りするうちに麻薬患者と知り合いになったり、愚連隊に入って麻薬を覚えたというケースが多かった。女性の場合は、カフェの女給や酒

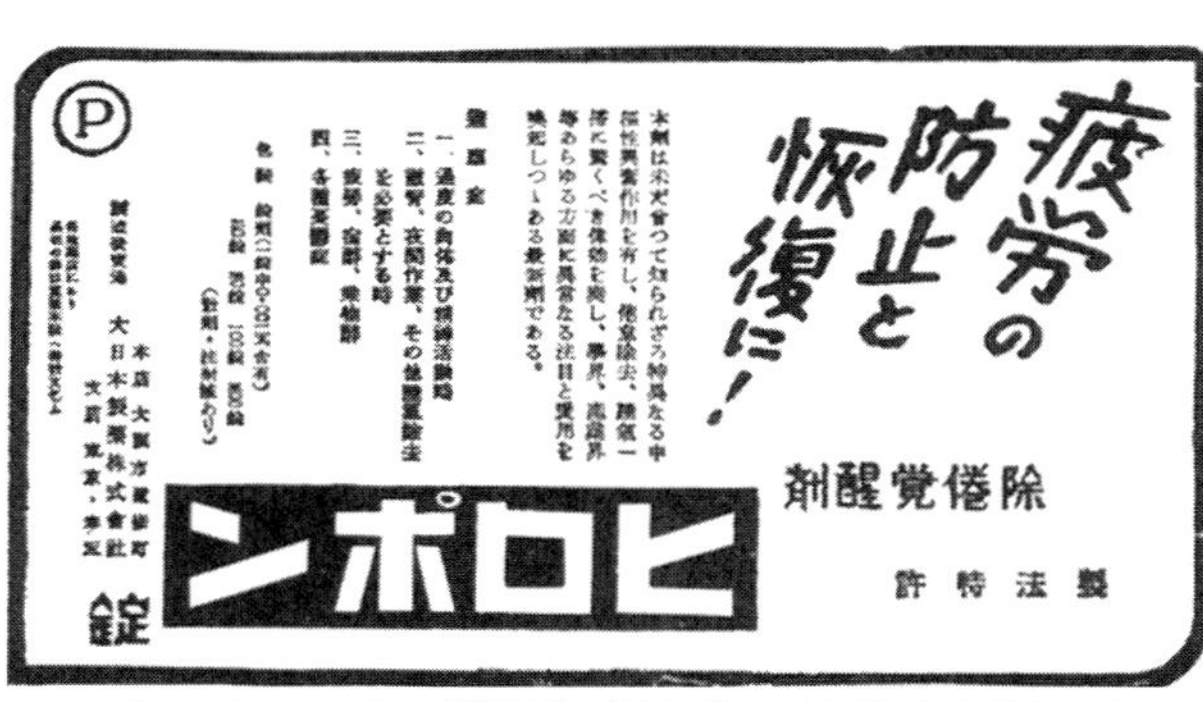

昭和18年のヒロポンの新聞広告。戦前は覚せい剤が薬局で買えたのだ

場の仲居などをしていて麻薬に手を染めた、ということがほとんどだった。

また当時は、アヘン、モルヒネに対する知識が少なかったことから、「万病に効く」と謳われ、手を出してしまう人も少なくなかったようだ。特に日本に渡ってきた朝鮮人に、その手の中毒患者が多かった。昭和10年の麻薬に関する警視庁の報告では、1万人の朝鮮人麻薬中毒者がいたという。

また、〝人間やめますか〟でお馴染みの悪名高い「覚せい剤」が出回り始めたのも戦前のことだった。

覚せい剤の有効成分の1つ、メタンフェタミンは19世紀末に日本人化学者の長井長義博士によって合成された。服用すると疲労を感じることなく、長時間活動できることから、昭和16（1941）年には疲労回復剤「ヒロポン」として発売。覚せい剤は、恐怖感が減少することから軍でも重宝され、特攻隊員にも配布された。

終戦後、軍が貯蔵していたものが闇市に大量に流れた。

昭和26（1951）年に覚せい剤取締法が作られ、規制されることになったが、その後は地下に潜り、暴力団の資金源になっているのは、ご存知の通りである。

薬物の蔓延というと、現代社会の病理のようにいわれることがある。だが、実は、戦前から抱え続けている社会問題だったのである。

【注釈】

※①**人間失格**……昭和23（1948）年に太宰治が発表した小説。感受性が強い主人公が、社会や自己の矛盾に苦しみながら、酒や女性に溺れ、自殺未遂を繰り返し、モルヒネ中毒になって精神病院に入れられるという物語。

※②**お隣の中国がアヘン禍に悩まされていた**……イギリスによって大量に持ち込まれて以来、隣国の中国（当時は清）ではアヘンが大流行。風紀が乱れ、経済も混乱したため、清はアヘンの密輸を禁止し、賛同しないイギリス商人を追い出した。イギリスはそれを不服としたため、1840年に阿片戦争が勃発。清はイギリスにあっさり敗北し、不平等条約を結ばされることになった。

戦前の逸話 其の05

【戦前の痛快サブカルチャー】

エログロナンセンスの時代

昭和初期は「エログロナンセンスの時代」などと呼ばれることがある。

戦前というと、道徳や貞操観念に凝り固まっていた印象がある。だが、必ずしもそうでなかったのは、これまで見てきた通りである。すでに紹介した通り、当時は各地に売春宿があり、繁華街にはカフェもあった。卑わいな物や珍奇な物、残酷な物に興味を持つのは、人の常。戦前の人々も現代人と変わらず、そうしたものに興味津々だったのである。

それでは、当時の「エログロナンセンス」とはどのようなものだったのか。その主だった分野をいくつか紹介していこう。

●戦前のエロは禁制品だった

ある面において、現代社会以上に性に寛容だったといえる戦前だが、やはりその規制は厳しいものがあった。

旧刑法[※①]が施行された明治時代から、日本では「風俗ヲ害スル冊子図画其他猥雑ノ物品」を公然と陳列し、販売することは禁止されていた。その後、出版法という法律が作られ、猥褻図画を出版すること自体も厳しく罰せられていた。

もちろん、現代社会においても猥褻図画の取り扱いは注意を要するが、当時と比べるとその判断基準に雲泥の差がある。戦前では女性の裸はもちろんのこと、男女の営みを連想させる記述にも当局のチェックが入り、発売禁止に追い込まれた。つまり、実践は構わないが、見るのはいけない。それが戦前の風潮だったのだ。

とはいえ、人間の性にかける情熱は偉大である。厳しい戦前にあっても、猥褻物は秘かに製造され、たしかに流通していたのだ。

猥褻物の代表的なものといえば、女体を映したポルノ写真が挙げられるが、すでに戦前でも〝庶民のポルノ〟として親しまれていた。

日本におけるポルノ写真の歴史は古い。本邦で初めてポルノ写真を撮ったのは、幕末から明治にかけて活躍した上野彦馬という写真家だといわれている。写真は遊女と思しきモデルを使って、〝四十八手の秘儀〟を撮影したものだった。

ポルノ写真は外国人観光客用のみやげ物にもなった。

エドワード・モースのコレクションにあった明治時代の日本人女性のヌード写真

横浜で売られていた写真アルバムには、名所旧跡の写真に混じって、日本人女性の裸の写真が入っていたという。[※②]

日露戦争では、従軍兵士の間でポルノ写真や春画を収集するのが流行した。[※③]戦場では、ポルノ写真や春画が弾除けになると信じられていたのだ。

また、その頃の写真館では裸体をさらすことが流行していたなどという話もある。若いカップルが夜の営みさながらのポーズで写真を撮ったり、客にせがまれ芸妓や娼妓がヌードになったりした。そのため、明治・大正期のヌード写真はまとまった数が残っているのだ。

ポルノ写真は猥褻物にあたるので、撮るのも売るのも違法である。

そのため、売れば高値がつき、いい商売になった。大正５（１９１６）年の裁判記録によれば、ある写真家がポルノ写真を売った際の値段は、３枚１組で１円50銭だった。現在の貨幣価値にすれば、１万円弱である。

昭和２（１９２７）年には、山形の県立高等女学校の生徒７５０人中、２００人がポルノ写真のモデルになっていたという衝撃的な事件もあった。撮影者は市内の写真屋で全裸の他、聖母マリアや男装写真といった「コスプレ写真」まで撮っていたという。モデル料は１回につき30円（現代の価値にすると約10万円）だったそうだ。

それでは、こうしたエロ写真は、どのように販売されていたのであろうか。

それはたいがい、こんな感じであったという。

縁日などに出かけると、見るからに怪しげな男が、「ダンナ、いいものがありやすぜ」などといって近づいてくる。男に誘われるままついていくと、暗がりなどに連れ込まれ、懐から取り出した写真の一部を見せてくる。気に入ったら「３枚１円」などで購入するのだ。

もちろん、この手の取引につきものの、詐欺やイカサマも多かった。「裸で四十八手」といわれて買ってみると、「相撲取りの組み手の写真」だったという笑うに笑えない話もある。

●アダルトビデオもあった

テレビはもちろん、ビデオもなかった戦前のこと。ポルノといえば、もっぱら静止画の世界だったと思ってはいないだろうか。

それは誤解である。すでに戦前の日本にも、ポルノ映画が存在したのだ。

日本のポルノ映画史を詳細に記録した『ぶるうふぃるむ物語』（三木幹夫著・立風書店）という本がある。この本によれば、本邦に映画が入ってくるのとほぼ同時に、ポルノ映画も入ってきたという。

映画が登場して10年後の1905年、フランスの映画会社パテー社のカタログには、早くも『花嫁の初夜』『画家とヌードモデル』などが登場した。※④それらのうち、何本かは日本に持ち込まれ、東京の浅草などで〝闇〟で上映されていたらしい。

時代が下り、昭和に突入すると国産物も作られるようになった。

国産初の作品は、『新郎新婦』という映画だとされている。その内容は、殿様が春画を見ているうちにその気になって腰元と性交するというもので、殿様役は浅草の役者、腰元は柳橋の芸者がしていたという。

その後も、カフェの女給を主人公にした『春の夢』、芸者や女給を扱った『フラワー』などが次々と制作された。変わったものでは、『白衣の愛』という映画があった。中国側のスパイが日本軍に追われ、逃げ込んだ病院で看護婦と行為に及ぶという内容だった。また『四十八手』というそのものズバリの映画もあった。わずか10分の上映時間の中で、めまぐるしく四十八手を展開するというものだ。

また当時、すでにアニメのブルーフィルムもあった。『すゞみ船』[※⑤]という作品で、昭和7年の春頃に作られたものだ。上映時間は『四十八手』と同じ10分だが、原画は1万5000枚以上に及び、東京小石川の画家が1人でコツコツ描き上げたものだった。

こうしたブルーフィルムは、1本300円ほどで売られていた。現在の価値にすれば、百数十万円にもなる。個人で愉しむために買う者もいたが、大抵は秘密[※⑥]の上映会を開くなどして、商売の種にしていたようだ。

●過激な戦前のアングラ出版

先ほども触れたが、戦前の日本では表現に様々な制約が課せられていた。

出版法によって国家による事前検閲が認められており、好ましくないと判断された書籍や雑誌は発禁になる。猥褻本はもちろんのこと、官庁の機密や皇室を冒涜するような内容も禁じられており、表現の自由は認められていなかったのだ。

しかし、そうした戦前にあっても、なお表現の自由に挑戦しようという奇人がいた。

その男の名は、梅原北明（うめはらほくめい）。雑誌『変態資料』などで知られるアングラ出版人である。

梅原北明は、明治34（1901）年、富山県に裕福な保険代理店の息子として生まれた。幼い頃から腕白で、堅苦しい家風と両親に反発し、小学校6年生の頃にはすでにオンナとタバコを覚えていたという。

中学校を卒業後、上京した北明は医院の書生となるが、高価な薬を持ち出し売り払っては、吉原通いをしていた。しかし、やがてそれが発覚。医院を放逐された後は、郵便局員となるも長続きせず、親に泣きついて早稲田の予科にもぐりこんだ。

大学に入学した北明は翻訳のアルバイトをはじめた。この仕事が向いていたらしく、それ以降、アングラ出版の世界にどっぷりつかっていくことになる。

北明はその後、ボッカチオの『デカメロン』[※⑦]の翻訳を手がける。当時、『デカメロン』はすでに2度翻訳されていたが、最初の本は発禁になり、2度目は伏字だらけだった。ところが、北明の訳書は非常に伏字が少なかったため、営業的に大成功を収めた。なぜ、北明の翻訳だけが当局の目をごまかせたのかというと、本の序文に次のような文章を載せていたからだった。

> 本書はイタリア大使館の手を経て、イタリア皇帝陛下、両皇太子殿下、及び皇太后陛下の玉前に献上し、ムッソリニ首相、同文部大臣に、またコルッチ博士や下位春吉氏のあっせんによりて文豪ダヌンチオ氏に呈するの光栄を得たことは、日伊親善のために読者諸兄とともに慶賀に堪えない次第であります。

西洋の権威に脆い、という当局の弱みを見透かしたような序文である。

伏字の少ない『デカメロン』は売れに売れ、小金が貯まった北明は『文芸市場』という雑誌を創刊する。

連載陣に今東光[※⑧]や村山知義[※⑨]といった流行作家を揃えたが、雑誌は失敗。損失の穴埋めのために、『変態十二史シリーズ』というエログロ単行本を出版した。これが当たり、再起を遂げる。

そして、その勢いのまま発刊したのが、会員制の雑誌『変態資料』だった。

『変態資料』は、かなり過激でスタイリッシュな雑誌だった。ためしにその創刊号をめくってみると、冒頭は着物を半分はだけた女性のSM風の浮世絵があり、次にくるのが第一次大戦でドイツ軍が捕虜を処刑する写真。「ドイツ軍がいかに殺戮を恣（ほしいまま）にしたのか物語るもの」などと、とってつけたような文句が並べてあるが、残酷な写真を見世物のように使っているのは紛れもない。

そのやりたい放題ぶりは、目次を見ても明らかである。

「古代東洋性慾教科書研究」…セックスの教科書というコンセプトで、古代インドのたとえ話などを持ち出して語ったもの。

「変態小話」……妻を叱ってばかりの友人が、珍しく静かにしていると思ったら、裏で妻の首を絞めていたなどいう、ＳＭもどきの小話。

「日本狂乱史」……歴史物を想像するが、愚にもつかない言葉遊びのエッセイ。

「近来猥事考」……流行映画や人気俳優などをモチーフにした猥談。

川柳のコーナーもあり、「孕(はら)んだと聞き一人逃げ二人逃げ」「湯上りの味は古語にも褒めてあり」などオチャラケた下ネタ風の川柳が並んでいる。

また編集部主催の「珍妙変態行楽」という催しのお知らせもあり、プログラムは猥漫談、怪奇一席話、影絵、幻燈、珍映画。会費は10円とある。

巻末では、「タネ切れになっても困るから有志の方はどしどし寄稿してもらいたい。本誌の愛読者なら諸氏もただの鼠じゃあるまい」と原稿募集をしている。

『変態資料』の創刊号

エロあり、グロあり、ナンセンスありの同雑誌は当然、発禁処分を受けることになったが評判を呼んだ。会員は３０００人を数え、中には大学教授や高級軍人、高級官吏もいたという。

アングラ出版に味をしめた北明は、その後も淫画集やエロ小説の翻訳本を次々と出版。昭和２年

伝説的な雑誌『グロテスク』

に出版法違反で前科一犯となるも、その熱意は衰えず、当局の手の届かない上海で伏字なしのエロ雑誌『カーマシャストラ』を創刊し、次いで1年後にはグロ色を強めた『グロテスク』を創刊。内容もかなりキワどく、「月経止血早見表」や「阿片考」、「人喰娘」といった記事が並ぶ。また、「梅原北明罰金刑祝賀会」の写真を載せるなど、相変わらずのやりたい放題であった。

こうして戦前の日本で「エログロナンセンス」の普及に努めた北明だったが、当局の厳しい追及に嫌気がさしたのか、昭和8（1933）年以降はアングラ出版から手を引き、女学校の英語教師などをして過ごした。そして終戦の翌年に発疹チフスで死去している。

北明の手がけた雑誌は、現代でも人気があり、古書店などで高価な値段で売られている。現代のサブカルチャーにも通じる北明の仕事、そしてその姿勢は今後も語り継がれていくことだろう。

●日本の喜劇王エノケンとカジノ・フォーリー

戦前のナンセンスを代表した昭和の喜劇王・榎本健一（右下）とカジノ・フォーリー

「エログロナンセンスの時代」には、シンボルがいた。

昭和の喜劇王〝エノケン〟こと榎本健一と劇団カジノ・フォーリーである。

カジノ・フォーリーが活動を始めたのは昭和4年7月、場所は浅草公園水族館余興演芸場だった。同劇団の売りはラインダンスを取り入れたレヴュー[※10]で、露出度の高い踊り子の衣装と、卑わいさを強調したダンスで多くの観客を集めた。

入場料は40銭、現在の貨幣価値に換算すると1000円ちょっとという金額だったが、それでも当初は興行的になかなか振るわなかった。

しかし、東京朝日新聞ではじまった川端康成の新聞小説『浅草紅団』で同劇団が取り上げられると、その人気が爆発する。

「金曜日に踊り子がズロースを落とす」などとい

う噂も広まり、カジノ・フォーリーは連日大入りの大盛況だった。

カジノ・フォーリーでは、コメディーとレヴューを組み合わせた出し物を演じており、客はエロとナンセンスの両方を愉しむことができた。その喜劇部門のスターが、エノケンだったのだ。

エノケンこと榎本健一は、明治37年生まれの喜劇役者。大正時代から浅草オペラ[※⑪]で活躍し、関東大震災後の昭和4年にカジノ・フォーリーに参加する。

持ち味の抜群の運動神経を生かした激しい動きで魅せる、チャップリンやキートンを思わせるドタバタ喜劇と、ウィットの効いた都会的なギャグでたちまち浅草の人気者になった。

昭和9年には、「エノケンの青春酔虎伝」で銀幕デビューを飾り、全国的なスターとなる。その後、「エノケンの鞍馬天狗」「エノケンの森の石松」など〝エノケン・シリーズ〟ものが次々と作られ、ヒットを連発。日本の喜劇王と称され、最盛期には日本各地で「エノケソ一座」や「土ノケン」などの偽者が出回るほどの人気を集めた。

浅草発のエロと喜劇の組み合わせは、戦後も浅草[※⑫]のストリップ小屋などに引き継がれた。そして、それらのストリップ小屋では、渥美清やコント55号、ビートたけしといったスターたちが日々芸を磨いていた。戦前のナンセンス劇は、戦後のお笑い文化の生みの親だったといえるのである。

【注釈】

※①**旧刑法**……明治13（1880）年に制定され、明治15年に施行。フランスの刑法典を手本に作られた。現行法にはない、不敬罪などが定めてあった。

※②**日本人女性の裸の写真**……大森貝塚の発見で知られるアメリカ人動物学者エドワード・モースのコレクションの中には、乳房をあらわにした日本人女性の写真が十数枚ある。

※③**春画（しゅんが）**……猥雑な場面を描いた絵。ポルノ写真が出回る前は、この春画が人々の性的欲求を満たしていた。かの童話作家・宮沢賢治も熱心な春画コレクターだったといわれている。

※④**初期のエロ映画**……当時のエロ映画は、現代のアダルトビデオとは比較にならないほど大人しいものだった。たとえば「蚕」という映画は、若い女性が自分についたカイコを取ろうとして洋服を全部脱いでしまうという内容だった。

※⑤**すゞみ船**……この「すゞみ船」は、かのウォルト・ディズニーにも賞賛されたとの話もある。

※⑥**秘密の上映会**……帰山教正著『映画の性的魅力』によると、大正のはじめには桜夜会という会員制の秘密映画鑑賞会があったそうだ。同会では3回ほど上映会を行ったが、最終的には警察に検挙されたという。

※⑦**デカメロン**……イタリアの作家ボッカチオが1349年頃に書いた物語集。ペストから逃れるた

めに森の屋敷に集まった男女10名がそれぞれ面白い話を披露するという形式をとっている。話の中には艶っぽい話や風刺がきいたものもあるため、それらが戦前の検閲に引っかかったものと思われる。

※⑧**今東光**（1898〜1977）……作家、僧侶。谷崎潤一郎の書生などを経て文学の道に入るが、妻とのイザコザなどから出家。戦後、出版活動を再開し、昭和31年に『お吟さま』で直木賞受賞。昭和43年には自民党から参院選に出馬し当選。歯に衣着せぬ物言いで、人気があった。

※⑨**村山知義**（1901〜1977）……作家。中学在学中に実母が勤めていた「婦人之友社」から短編小説を発表。絵画にも才能を示した。後に戦前の左翼を代表する文化人になるも、治安維持法で検挙されると転向。戦後は世間から注目されることはあまりなかった。

※⑩**レビュー**……音楽やコント、ダンスなどで構成された舞台芸術の一種。スパイスとして時事風刺を効かせたものが多かった。

※⑪**浅草オペラ**……大正6（1917）年に浅草で本邦初のオペラ「女軍出征」が上演された。同じ年の10月には、オペラ用の劇場「日本館」も落成。「ペラゴロ」と呼ばれる熱狂的なオペラファンも生まれた。

※⑫**浅草のストリップ**……戦後の昭和23（1948）年、浅草の常磐座で本邦初のストリップショーが行われた。その後、浅草ではロック座やフランス座などが相次いで開演、一躍ストリップのメッカとなった。当時の浅草のストリップは幕間にコントを上演しており、渥美清などの他、直木賞作家の井上ひさしなどを輩出している。

【若者は今も昔もやんちゃだった？】

戦前の不良少年少女たち

●戦前の荒れる若者たち

戦前の少年少女たちはみな素朴で健全、働き者だったと思う人も多いかもしれない。

しかし、若者がエネルギーをもてあまし、無茶をしては社会に迷惑をかける、というのはいつの時代も同じらしい。

戦前にも、いわゆる不良少年少女がいたのである。

昭和5（1930）年9月発行の雑誌『エロ』創刊号には、和田信義※①というジャーナリストが書いた「不良青少年少女の実相」という記事がある。

その記事によれば、戦前の不良少年少女の実態とは次のようなものだった。

当時の不良少年少女たちも、現代の若者と同じように、グループを作って特定の場所にたむろしていた。

彼らの集まるところは、ミルクホール[※②]、喫茶店、しるこ屋、おでん屋、神社仏閣、公園、練兵場、空家など。また都心部では、三越や松坂屋、松屋といったデパートの休憩所や駅の待合室などに集まった。

彼らが多く出没した地域は、都内だと浅草[※③]公園、銀座、新宿、大塚、巣鴨、神田、本郷など。大阪では道頓堀や千日前、天王寺、中島公園、楽天地などだという。今なら渋谷や原宿が上位にくるところだが、戦前の若者にとっては浅草公園がもっともナウいスポットだったようだ。

そうして集まった不良グループは、ピラミッド型の構造をしていた。

一番上にはリーダーがおり、その下には中堅幹部のアニイがいて、さらにその下にはヒラの構成員がいた。年齢層はリーダー格が25、6歳、アニイ格が20歳前後、子分格は14歳から22、3歳というところ。これも現代の不良グループとそう変わらない年齢構成だろう。

●「夜嵐お節」こと、中川きよ子

彼らは自分たちのグループに名称をつけることが多かった。

その名称がかなりユニークで、「○○義団」や「○○組」、「○○倶楽部」などを好んで名乗った。実在した有名グループには、「血桜義団」や「紅団」、「紫組」、「骸骨団」などがあり、なかには「ブランコ組」、「スミレ倶楽部」といった怖いのか、かわいらしいのか、よくわからな

戦前の高等学校で定番のストーム（バカ騒ぎ）の様子。当時の若者には勢いがあった

いようなグループまであった。

これらの集団には、普通10名から20名程度のメンバーがいる。なかには、各都市に支部を持っている大きな団体もあり、警察によって解散させられたこともあった。

たとえば明治31年には、「東桜倶楽部」という300名を超えるグループが司直の手で解散に追い込まれた。繁華街で散々悪事を働いたため、警察に目を付けられたのである。

その後は、警察の警戒も厳しくなったため、東桜倶楽部ほど大きな集団は現れなかった。不良グループが誕生すれば、すぐさま警察が動くので、大部分の団体はもって数年だったといわれている。

彼らは、組織の中では、自分の本名を使わず、通り名を名乗るのが普通だった。

「血達磨の○」、「血桜の○」、「紅の○」などオドロオドロしい通り名を好み、不良少女のなかには「千桜のお花」、「下駄屋のお金」などの異名をとる者がいた。

こうした異名からもわかるように、彼らは任侠[※④]の世界に憧れがあったらしく、刺青もよくしていた。といっても本職のように背中一面というわけにはいかず、せいぜい二の腕や手首、足首などに団体名や恋人のイニシャル、「御意見無用」「妙法蓮華経」「日本一」などの言葉を彫った。少女も刺青を彫り、「一心」や「命」、「なむあみだぶつ」などと刺青する者もいた。その他では、眉毛や陰部に墨を入れる者もいて、「骸骨」や「蛇」、「生首」などは男女を通じて人気の図柄だった。

彼らは盛り場でたむろして酒を飲み、通行人に絡んで金やタバコを恐喝した。小カモと呼ばれる学生を相手にした場合は、教科書の入ったカバンを取り上げ、金を持ってこさせるなどの悪さもしていた[※⑤]。

これが少女団になると、悪さも違ってくる。昭和12（1937）年5月の国民新聞には、「少女群『夜嵐団』捕まる」という見出しで次のような記事が載っている。

女だてらに刺青や男装を誇り相棒の男を使って市中の盛り場に出没して詐欺、窃盗、お目見得、恐喝等々邪道を踏んでいた不良少年少女の一群が一網にされた。

名を「夜嵐団」と称し団長は「夜嵐お節」こと中川きよ子（一九）、副団長「隼お静」こと白山静江（20）、参謀格は「夜嵐の銀太」こと笹原清（26）、輩下に「朧月夜の蔦」こと大橋つるえ（18）、「文学お柳」こと小山柳子（19）、「スピードの金太」こと館山常子（20）、「スケトンの譲次」こと佐々木正雄（24）、「白鷺の彌太郎」こと河合保（24）等々。＝いずれも仮名。昨年春「夜嵐団」を結成、美人型の「夜嵐お節」を某デパートの売子に仕立て、丸ノ内某採炭会社重役にお妾さんを世話すると渋谷キネマで見合させ250円を詐取、大学生や文化学院学生に色仕掛けで近づき洋服代や小遣銭をせしめ、カフエー、喫茶店で知合つた客でもあればどしどし家へ押しかけ空巣、※⑥お目見得、美人局、稼ぎ高は団員一同の遊興に費っていた。

女だてらに、なかなかの暴れぶりである。

こうしたグループはおそらく、多々あったに違いない。

しかし、これらの不良少年少女たちは、戦争の激化にともない、いったん姿を消した。そして、終戦とともに再び姿を現した。その後、いくらか形を変えながらも、青い反抗は現代まで脈々と引き継がれているのである。

【注釈】

※①**和田信義**（1892〜1943）……岐阜県出身のジャーナリスト、社会運動家。『香具師奥義書』などの著作がある。

※②**ミルクホール**……牛乳やパンを出す店。喫茶店やカフェが普及するまで大流行し、不良少年らのたまり場になった。

※③**浅草公園**……戦前の浅草は、日本初のエレベーターがあった12階建ての凌雲閣（関東大震災で倒壊）があり、商店や映画館などが軒を連ねるなど、東京屈指の繁華街。週末にもなると大勢の人々が押し寄せた。

※④**任侠の世界に憧れ**……任侠の世界では、本名の代わりに渡世名（稼業名とも）を名乗ることがある。不良少年少女の通名もそうしたことに影響されたものと思われる。

※⑤**グループ同士の喧嘩**……この頃の喧嘩で使われた凶器は、十手や木刀、ナイフ、カミソリ、下駄などで、お馴染みの自転車のチェーンやメリケンサックといった武器もすでに登場していた。なかにはピストルを持ち出してくるような者もいたらしく、当時の喧嘩は命がけだった。

※⑥**少女団の悪事**……「お目見得」は商店や飲食店などの求人に応募し、採用されると店の金品を奪って逃げること。「美人局（つつもたせ）」は男性を誘惑し、その気にさせたところで仲間の男に脅させて金品を奪うことをいう。

【革命で祖国を追われたロシア人たち】

白系ロシア人と戦前の日本

●ロシアからきた白い肌の移民

日本は歴史上、亡命者や難民をほとんど受け入れてこなかった国として知られている。

しかし、戦前のある一時期だけ、一度にまとまった数の亡命者を受け入れたことがある。

その亡命者とは、「白系（はっけい）ロシア人」と呼ばれたロシア人亡命者たちである。

1917年、ロシアでは赤い革命の嵐※①が吹き荒れていた。ロマノフ朝の統治に不満を覚えた市民たちが爆発、指導者レーニンを中心とする赤軍と革命を阻止せんとする白軍との間で内戦が勃発した。戦いは当初、イギリスやフランスなどから援助を受けた白軍が優勢に進めたが、赤軍に怒涛の勢いで巻き返され、敗色濃厚となる。命の危険を感じた白軍派の200万の人々は、安住の地を求めて国外に亡命することになった。

白系ロシア人の主な亡命先は欧州の近隣諸国が多かったが、日本にも約1600人が亡命した。これは正式な登録を受けた数字なので、未登録の者も含めると数千人規模まで膨れ上がると考えられている。

日本にやってきた白系ロシア人たちは、釧路や旭川、函館、東京、横浜、神戸、長崎などに分散し、各地で生活を送った。日本の地を踏んだ彼らのなかには、一度落ち着いた後に、別の国に向かう者もいた。だが、なかには日本にうまく同化し、日本文化に様々な影響をもたらした者もいた。

●白系ロシア人の功績

それでは、白系ロシア人たちは日本にどのような影響を与えたのだろうか。

たとえば、彼らが日本人の洋装化をうながしたという説がある。

白系ロシア人たちは、日本にきた後、ラシャ※②の行商業に従事することが多かった。その行商が日本人の間に洋服を広めるひとつの要因になったというのである。

また、彼らが食文化に寄与したところも大きい。白系ロシア人が主食としていたパンは、ロシアパンとして紹介され、まだパン食が浸透していなかった当時、驚きをもって迎えられた。

その他では、ボルシチやピロシキなどのロシア料理も紹介。高級チョコレートで有名な神戸の「モロゾフ」や「コスモポリタン製菓」※③、「ゴンチャロフ製菓」の創業者も、白系ロシア人である。

また音楽や文学など、芸術の分野でもその影響は少なくない。クラシック音楽やバレエといった西洋芸術はもちろんのこと、ロシア語の教育などで名を成した白系ロシア人も多い。

このように新しい文化の紹介者として、各方面で活躍した白系ロシア人だったが、スポーツの分野でも鮮烈な印象を残している。

その代表的な人物が、プロ野球選手、ヴィクトル・スタルヒンである。

●日本の野球史に名を残す「伝説の大投手」

日本プロ野球黎明期のスター、ヴィクトル・スタルヒンは1916年に、ウラル山脈のふもとのペリムというところで生まれた。スタルヒン家は、元ロシア貴族だった。

赤軍の標的になることを恐れたスタルヒン一家は、ロシアを脱し、中国のハルビンに向かった。当時、ハルビンは白系ロシア人の拠点のひとつになっており、同地には15万人を超えるロシア人がいた。スタルヒン一家もそこから安住できる国に移動するつもりだったが、足止めを食ってしまう。

伝説の大投手ヴィクトル・スタルヒン

当時、まだ日本は白系ロシア人の受け入れを表明しておらず、一家は行くあてがなかったのである。

その後、日本政府はようやく白系ロシア人の受け入れを開始するが、条件は厳しく亡命者1人当たり※④1500円以上の所持金があることが条件だった。一家は、家族3人分4500円を工面するため、持ってきた宝石類を売り払った。

入国を認められた一家は、北海道の旭川に落ち着き、そこで行商を始めた。商売は軌道に乗り、数年後にはミルクホールを経営するまでになっていた。

スタルヒンも旭川の生活になじみ、野球をはじめ、持ち前の剛速球でたちまち注目の選手となった。旭川中学時代には1年生のときから投手として活躍。全国中等学校優勝野球大会（全国高等学校野球選手権大会の前身）の北海道予選で、2年連続決勝まで駒を進めている。

そして迎えた3年目、地元の期待を一身に背負い、全国中等学校優勝野球大会への出場を夢見ていたスタルヒンだったが、思わぬ転機が訪れる。

来日した大リーグ選抜チームと対戦するために結成された全日本選抜チームに選ばれ、その後、同チームを母体に設立された大日本東京野球倶楽部（現・読売ジャイアンツ）に引き抜かれたのである。

スタルヒン自身は旭川中学に残ることを希望していたというが、※⑤実父が殺人事件を起こし

昭和11年2月、アメリカ遠征を控えた巨人軍の選手たち（左奥がスタルヒン）

たことに伴う経済的な窮乏と、球団の強引な説得もあってやむなくプロ入りを決断した。地元では、スタルヒンは裏切り者よばわりされ、夜逃げ同然で東京に向かったという。当時、全国中等学校優勝野球大会とはそれほど大きなものだったのだ。

スタルヒンは、プロ入り3年目から頭角を現し、昭和12（1937）年には28勝、昭和13年には33勝、昭和14年には68試合に登板し、当時、日本記録の42勝（15敗、現在はタイ記録）をマークした。

この年の巨人軍の勝ち星は66勝だったので、ひとりでチームの勝ち星の3分の2を上げたことになる。190センチ近い長身から投げ下ろすストレートは160キロ近い速度があったともいわれており、低めのコントロールに抜群のものがあったという。

だが、そんなスタルヒンには常に日本人ではない、という暗い影がつきまとっていた。亡命者であるスタルヒンには、国籍がない。そのため、遠征に行くたびに警察官などから取り調べを受けた。また、街中などで理由なく憲兵にカラまれることもあったという。

昭和15年には、前年に起きたノモンハン事件※⑥の影響で、スタルヒンは強制的に「須田博（すたひろし）」という日本名を名乗らされた。また、太平洋戦争が激化した昭和19年には、巨人軍から追放され、敵性人種として軽井沢で幽閉同然の暮らしを送ることになった。

戦後になってプロ野球が再開されると、スタルヒンは巨人軍からの誘いを断り、かつて巨人軍でスタルヒンを指導した藤本監督が率いるパシフィックに入団した。その後は、大映スターズ、高橋ユニオンズに移籍し、昭和30（1955）年に通算300勝を達成。その年限りで引退した。通算成績は303勝176敗、防御率は2・09だった。

引退後は、ラジオの司会業や俳優などをしていたが、昭和32年に、不慮の交通事故によって40歳で息を引き取った。スタルヒンは現在でも旭川を代表する英雄であり、その功績を讃え、昭和59（1984）年に建てられた旭川市営球場には、「スタルヒン球場」という愛称がつけられている。

【注釈】

※①**赤い革命**……ロシア革命のこと。1917年、度重なる戦争で疲弊していたロシアで国民による大規模な抗議活動が勃発。その後、臨時政府（白軍）とレーニン率いるボリシェビキ（赤軍）の間で武力闘争が起き、赤軍が勝利。皇帝ロマノフ2世は処刑され、史上初の社会主義国・ソヴィエト社会主義共和国連邦が誕生した。

※②**ラシャ**……毛織物の一種。羊毛などを織り込み起毛させた厚手の生地で、丈夫で保温性が高い。

※③**コスモポリタン製菓**……神戸市中央区にあった老舗洋菓子店。モロゾフの創業者によって始められたが、2006年に廃業している。

※④**1500円以上の所持金**……当時の1500円は現在の価値に換算すると約500万円。一家は亡命のために1500万円も用意したことになる。

※⑤**実父が殺人事件を起こした**……スタルヒンの父親は、スタルヒンが旧制中学1年のときに自身が経営する喫茶店のロシア人女性従業員を殺害。懲役8年の判決を受け、獄中で死亡した。

※⑥**ノモンハン事件**……昭和14（1939）年に勃発した、満州国とモンゴル人民共和国による国境紛争。実際は満州国の後ろ盾だった日本軍とモンゴルの背後にいるソ連軍との戦いであり、日本軍は敗北。ソ連の主張する国境線まで撤退させられた。

戦前の逸話
其の08

【帝都に浮かぶ銀色の巨船】

飛行船ツェッペリン号の来訪

●帝都上空に浮かぶ謎の飛行物体

昭和4（1929）年8月19日。

帝都東京の上空に、突如、にび色に輝く葉巻型の物体が飛来した。

ドイツの誇る最新鋭飛行船「ツェッペリン号」[※①]が、世界一周飛行の途中で日本に立ち寄ったのである。

ツェッペリン号の来日は、当時の親ドイツ的な感情も相まって、空前の盛り上がりをみせた。本書のカバー写真は、ツェッペリン来訪の決定的瞬間をとらえたものである。場所は、東京銀座のデパート、松屋の屋上。人々の熱狂ぶりが伝わってくるような写真である。

翌日の東京朝日新聞では、ツェッペリン号来訪を「けふ全市を挙げてツェッペリン・デーと化す！」と題して次のように書き立てた。

浅草の上空をゆく飛行船ツェッペリン号

空の巨船ツェ伯号が銀光を輝かしつつほこらかに帝都の上空にその雄姿を現す日―一九日は朝から緊張した明るい空気が帝都にみなぎる、巨船来るの号外が引切りなしに街頭に飛ぶ。

午後一時、二時、三時を過ぎる頃からどんよりと曇った空も晴れて陽の光がおどる、ビルディングの各所の屋上高くには各所に日の丸と三色條旗の日独国旗が微風にはためいている。

ウィルコンメン！

歓迎の叫びをあげるかのように日独親善の気は全市にあふれている。

街上のショウウィンドウは航程万里を一気に飛んだツェ伯号のコースの地図と模型、どこを向いてもツェッペリン万歳だ。

なんとも熱のこもった記事である。また、同じ紙面では為替市場でも「ツェッペリン号の飛来にお祭り気分みなぎりあきないはほとんどなかった」などと報じている。

ツェッペリン号は東京上空を通り過ぎた後、霞ヶ浦海軍飛行試験場[※②]に着陸した。同地には、飛行船を間近で見ようと10万の観衆がつめかけ、乗員乗客60名を熱烈に歓迎した。

●ドイツの誇る最新鋭飛行船

ツェッペリン号は全長が236・6メートル、気球の容積は10万5000立方メートルという巨大な飛行船だった。気球の外皮は麻布でできており、太陽熱で内部の水素が膨張しないように、アルミを混ぜた銀色の塗装が施されていた。

その大きさは、現代の空の足であるジャンボジェット機[※③]と比べると、3倍以上である。それほど巨大な物体が東京の上空にぽっかり浮かんでいたのだから、当時の人々の驚きようは大変なものだったはずだ。

その巨大な風船の下には、長さ30メートル、幅6メートルのゴンドラがつけられていた。内部には2段ベッドを備え付けた10の客室があり、1室につき2名、計20名の乗客を収容することができた。その他、ラウンジ兼ダイニングルームもあり、トイレも4箇所あった。調理室では一流シェフが腕を振るい、乗客はワインと豪華料理でもてなされた。

お披露目されたツェッペリン号（右）。観衆と比べるとその大きさがよくわかる

ツェッペリン号は、液化石油ガス（ＬＰガス）を燃料とする5機※④のエンジンを搭載し、プロペラで推進力を得て、平均時速110キロで航行した。100キロちょっとというと、随分ノンビリしたイメージを持つかもしれないが、これでも当時は抜群の速さを持つ乗り物だった。

当時の代表的な移動手段である鉄道と比べると、その速さは一目瞭然である。

当時も、すでに100キロ近い速度を出せる鉄道があった。しかし、鉄道は山あり谷ありカーブありで、速度を落として、回り道をしなければならない。その点、飛行船なら直線距離で飛行できる。ツェッペリン号がベルリン～東京間で要した時間は、100時間。当時、もっとも速いルートだったシベリア鉄道でも、同じ行程で2週間もかかった。

爆発炎上するヒンデンブルグ号

●しぼみゆく飛行船

ツェッペリン号は、昭和4（1929）年8月8日、アメリカを出発しシベリア、日本を経由して太平洋を渡り、再びアメリカに戻ってきた。※⑤飛行時間は延べ300時間20分、航行距離3万4200キロの世界一周を成し遂げたのだ。この世界一周飛行の切符は2500ドルだった。当時の日本円に換算するとおよそ5000円。これは家1軒が優に建てられるほどの大金である。

この世界一周旅行には、ドイツの飛行船を売り込むという目的があった。

圧倒的な速さを持つ飛行船だったが、世界的にみればまったく普及していなかった。そのため各地を回って、飛行船の航行能力と安全性をアピールしようとしたのである。

世界一周旅行の与えたインパクトは大きく、飛行船の注目度は一気に上昇した。ドイツ〜ブラジル、ドイツ〜アメリカ東海岸を結ぶルートも相次いで開設。売り込みを受けた日本でも、飛行船購入計画が浮上し、アメリカ航路を開拓しようとする動きも出てきた。[※⑥]

ところが昭和12（1937）年5月、飛行船の未来を閉ざす大事故が起きる。アメリカ・ニュージャージーのレイクハースト海軍飛行場上空で、着陸態勢に入っていた飛行船ヒンデンブルグ号[※⑦]が突如爆発。機体は炎上し、乗客乗員97名中35名と地上作業員1名が犠牲になったのだ。

この大事故によって、飛行船は安全性に対する信頼を一気に失った。日本の飛行船購入計画も見送られ、飛行船は衰退していったのである。

戦前の日本に現れ、強烈なインパクトを残していった飛行船だったが、その後に登場したジャンボジェット機によって、歴史の隅に追いやられていった。大空の覇者の座を追われた飛行船は、いまでも歴史の狭間にぽっかりとその身を浮かべているのである。

【注釈】

※①**ツェッペリン号**……正式名称は、「LZ127」。ドイツ・ツェッペリン社製。「飛行船の先駆者であるツェッペリン伯爵にちなみ、「グラーフ・ツェッペリン」の愛称で呼ばれた。

※②**霞ヶ浦海軍飛行試験場**……この基地には、昭和6年に世界初の大西洋単独無着陸飛行で知られる米国人飛行家のチャールズ・リンドバーグも訪れている。

※③**ジャンボジェット機**……代表的なジャンボジェット機である「ボーイング747」の全長は、およそ70メートル。

※④**5機のエンジン**……ドイツのエンジンメーカー・マイバッハが製造したもので、それぞれ550馬力の出力を誇った。

※⑤**アメリカを出発**……ツェッペリン号は、アメリカのニュージャージー州レイクハーストの海軍飛行場から出発した。アメリカが出発地に選ばれたのは、スポンサーのひとりである米国人出版王のウィリアム・ハーストの意向があったため、ともいわれる。

※⑥**日本の飛行船計画**……昭和9（1934）年には、飛行船就航のために「太平洋航空会社」が作られ、千葉県茂原町に専用の飛行場を建設することも計画されていた。

※⑦**ヒンデンブルグ号が突如爆発**……事故は当初、気球内の水素ガスに引火したことが原因だと考えられていたが、後年の研究の結果、気球の外皮の塗料が放電した静電気が火災の原因だとする説が有力視されている。その他、事故原因を巡ってはナチスによる陰謀だった、といった説も長年ささやかれている。

【第二章】本当は凄い! 戦前の日本

戦前の逸話 其の09

【日本は戦前から経済大国だった!?】

戦前にあった驚異の経済成長

●日本人は資本主義の申し子

「戦後の日本は奇跡的な経済成長を成し遂げた」

とよくいわれる。

しかし、この台詞は戦前の経済成長をまったく念頭に置いていないものだといえる。今まであまり語られることはなかったが、戦前の日本は、※①戦後に匹敵するような高度経済成長を成し遂げているのである。

戦前の経済が語られる時、「帝国主義、軍国主義によって、次々に戦争を起こし植民地を獲得し国力を増強していった」などということがいわれる。

だが、よく考えてみてほしい。帝国主義を掲げたところで、おいそれと戦争に勝てるわけではないし、急に国力が増強されるものでもない。戦争に勝つには資金がいるのである。つま

明治 11（1878）年には早くも東京株式取引所が開設

り、日清戦争や日露戦争などで勝利を挙げた日本は、勝つに相応しい経済力や社会システムを持っていたということなのだ。

戦前の日本経済の成長は、明治以降ほぼ一貫したものである。明治維新から第二次大戦前までの70年間で、日本の実質GNPは約6倍に増加している。実質賃金は約3倍、実質鉱工業生産は約30倍、実質農業生産は約3倍になっている。

こうした成長の背景には、日本のしたたかさがある。ペリーの来航で、日本は無理やり開国させられ、資本主義世界の荒波に放り出された。しかし、日本は持ち前の器用さで資本主義になじむと、むしろ欧米諸国よりもそのシステムをうまく使うようになったのだ。

明治11（1878）年には、すでに東京株式取引所、大阪株式取引所が相次いで開設されている。

明治20年代になると、会社の株式の売買は急激に増加した。明治22年には、取引所開設当初の200倍近くにあたる年間370万株の取引があった。[※②]

明治の中頃に株式会社の制度が導入されると、会社の数は急激に増加。同時期の西欧諸国よりも多くの会社が作られた。明治15年の東京株式取引所の上場企業はわずか9社に過ぎなかったが、20年には34社、30年には117社まで数を伸ばしている。

もともと日本人は、商取引や金融業に適性のある民族である。

たとえば、先物市場を世界で最初にはじめたのは、日本人だった。[※③]

江戸時代、米の相場は変動が激しかったので、1730年頃、米商人たちが価格変動リスクを回避するために、年に3度、米の先物取引をはじめた。これが、世界で最初の先物取引といわれている。

明治の末期には、株の一大ブームが起きている。その象徴ともいえるのが、南満州鉄道株の熱狂的な人気である。[※④]

日露戦争の勝利で、南満州鉄道の敷設権を得た日本は、それをもとに「南満州鉄道株式会社」を作った。資本金は2万円で、そのうち半分を政府が出資する半官半民の国策会社だった。

明治39年、第1回の株式募集で10万株が売りに出されると、応募者が殺到し、募集枚数の1077倍の応募があった。帝国ホテルを作った大倉喜八郎のように、1人で募集株式の全額[※⑤]

半官半民の国策会社、南満州鉄道株式会社の本社

分を申し込むような者までいたほどだった。
その後、第一次大戦では、軍事関連企業の株が高騰し、「株成金」まで登場。海運業で儲けた「船成金」、製鉄で儲けた「鉄成金」も台頭したため、第一次大戦後の好景気は「成金」がキーワードとして語られることになった。

●恐慌を乗り切り、超高度経済成長へ

こうした資本主義への素早い適応を背景に、日本は世界大恐慌の混乱にもうまく立ち向かうことができた。

昭和4（1929）年に、アメリカのウォール街で始まった世界大恐慌は、世界を不景気のドツボに叩き込んだ。欧米諸国が先のみえない不況の暗闇にあえぐ中、日本は昭和8年には早くも回復基調に入り、翌年には、世界大恐慌以前の経済水

準に戻っている。これは当時の先進国にくらべ、約5年も早い経済回復だった。

その後も、日本経済は爆進を続けた。昭和15年には、鉱工業指数は世界恐慌前の2倍、国民所得は140億円から320億円と2・3倍になったのだ。まさに超高度経済成長期である。

なぜ日本だけがこの時期、急激な経済回復、経済成長をすることができたのか？

その最大の理由は、当時の大蔵大臣である高橋是清[※⑥]のもと、統一されたビジョンで経済政策を行えたからだ。日本政府は、数ある産業のなかでも特に軍事関連、重工業の分野に大規模な財政出動を行い、景気を刺激して経済を活性化させた。これは当時、流行していた経済学者ケインズの理論を実践したもので、アメリカのニューディール政策よりも早かったのだ。

このように戦前の日本経済は、世界的にみても優れたものを持っていたのである。

日本は戦後、急に成長したわけではなく、明治維新以来ずっとハイペースで経済成長を続け、戦争中に一時中断しただけ、というのが、正確な見方だといえるのだ。


【注釈】
※①**戦後に匹敵するような高度経済成長**……戦前の経済成長率は次の通り。
1908〜17年：3・09％
1918〜27年：1・50％

1923～32年：2・35％

これらの数値は、当時の国際基準から見ればかなりの高さだった。

※②**取引所開設当初の200倍**……株式取引所開設当初は、株の売買は年2万株程度で公債の売買が取引の中心だった。明治維新によって旧武士階級は秩禄を奉還する代わりに公債の交付を受けたが、生活苦から手放すケースが多かったのだ。

※③**先物市場を世界で最初にはじめた**……堂島米会所のこと。享保15（1730）年に設立。当時の大坂は全国の年貢米が集まる場所だったため、米取引が発達。米の所有権を示す切手の売買や帳合米取引と呼ばれた先物取引などが行われていた。

※④**南満州鉄道**……終戦まで満州に存在した日本の特殊会社。鉄道以外にも事業を広げ、満州経営の中核を担った。

※⑤**大倉喜八郎**（1837～1928）……大倉財閥の創始者。鉄砲商人から身を立て、維新後に貿易業や建設業に進出。軍事関係に強く、政府と結びつき巨万の富を築いたため、「死の商人」とも呼ばれた。

※⑥**高橋是清**（1854～1936）……政治家、銀行家。勝海舟らとアメリカに留学。帰国後は日銀総裁などの要職を歴任。日露戦争では戦費調達で活躍。第20代の総理大臣も務めたが、二・二六事件の凶弾に倒れる。ケインズ理論とは、不況のときこそ国が金を使って景気を呼び起こすべきとの考え。世界恐慌時の高橋是清の経済政策はケインズ理論そのものだったので、欧米人以上のケインジアン（ケインズ理論の信奉者）とも呼ばれた。

【紡績業や軽工業で世界を席巻】

戦前の日本は貿易大国だった

●世界の覇者イギリスを駆逐する

明治時代には早くも株式投資ブームが起こるなど、経済が活発化していた日本。その動きは国内にとどまらず、実は海外との貿易においても大きな存在感を発揮していた。

それでは当時の日本はどういった産業で世界を相手にしていたのだろうか。

戦後の日本の得意産業といえば、自動車工業や船舶産業、電化製品などすぐに幾つも思い浮かべることができる。しかし、戦前の日本の輸出品については、学校でもあまり習った記憶がない。戦前は戦争に勝つこと、植民地を増やすことで国力を蓄えていった、というイメージを持っている人も多いのではないだろうか。

しかし、それだけでは国力を増強することができないのは、すでに述べた通りである。

実は、戦前の日本は、すでに世界有数の貿易大国だったのである。

大正時代中期の東洋紡績大阪三軒家工場。すさまじい数の紡績機が並んでいる

そして、その代表的な産業は、紡績業[※①]だった。綿製品というと、イギリスが有名である。かの産業革命も、綿工業において最初に行われたものであり、高品質で低価格の綿製品を作ったことでイギリスは世界の覇者になったのだ。

幕末に開国して、まず最初に日本の輸出産品になったのは、絹の原料である生糸や食料品だった。そのうち日本の産業界は原料を売るよりも工業品を売った方が、儲けが大きくなることに気づき、次第に軽工業品、綿製品などにシフトしていったのである。

第一次大戦中、産業が停滞した欧州諸国に代わって、日本の工業は大躍進したが、その際に中心になったのが紡績業だった。

日本は、イギリスに比べて紡績業で有利な面を持っていた。

イギリスは産業革命[※②]で紡績業の機械化に成功していたが、工場や機械はすでに老朽化していた。長く世界の紡績業の頂点に君臨していたため、新技術の導入に消極的だったのだ。

しかし、日本はイギリスより100年遅れで産業革命を体験したことで、最新技術をそのまま取り入れることになった。また、中小の業者が入り乱れていたイギリスに比べ、日本では財界人たちが協力して、大規模な工場を作ったのも勝因だった。

たとえば、日本の紡績会社の先駆となった大阪紡績は、渋沢栄一らの呼びかけで作られたものだった。大阪紡績は、株式によって莫大な資金を集め、世界でも最大級の紡績機を導入した大規模な工場を建設した。また、使われ始めて間がない電力[※③]を大々的に導入し、24時間操業も行ったのだ。

大阪紡績は大成功を収め、それに倣って次々と同様の企業が作られていった。紡績業は、日本における重要な産業となったのである。

それに加えて、人件費の安さもものをいった。イギリスは日本に比べて、人件費が割高だったため、価格の面でイギリス製品は日本製品に歯が立たなかった。

日本は国内での生産のほか、上海や青島にも最新鋭の紡績工場を建設し、イギリス製品を中国市場から次第に駆逐していった[※④]。

昭和3年頃、日本の綿製品の輸出量はイギリス製品と比べると37％程度だった。それが昭和

日英の綿製品の輸出状況		
	イギリス	日本
昭和７年（1932年）	**2197**（インド 599、中国 125）	2032（インド 645、中国 210）
昭和 11 年（1936年）	1917（インド 416、中国 8）	**2708**（インド 482、中国 119）

※単位は 100 万ポンド。カッコ内はインド、中国への輸出額を表している

7年には92％と肉薄、4年後には完全に追い抜いている（上表参照）。

だが、この日本製品の躍進は、経済摩擦を生むことになる。

日本製品の攻勢に屋台骨を揺らされたイギリスは、世界大恐慌という悪材料も加わって、輸入制限など、[※5]閉鎖的な経済体制に傾いていった。

東洋経済新報の昭和8年10月14日号には、イギリスの圧力に対して「我が国は焦慮無用」と題した次のような記事が載った。


此の頃の英国乃英領諸国の我国に対する態度は全く成つていない。所謂貧すれば鈍するで、気の毒にも英国人は近年不景気で少々逆上していると評するより外はない。が、さうだとすれば我国としては、英国人の此の逆上を真面目に取つて、今にも日本の経済が四方八方から圧迫され、押しつぶされでもするかの如く驚く事はない。強者は日本で弱者は先方だ。


この経済摩擦は、結局解消されなかった。

イギリスが日本の綿製品のインドへの輸出を制限すると、日本はイン

ドの綿花輸入をストップするなど、貿易戦争のような状態になっていった。そして、インド市場から締め出された日本は、そのはけ口を満州に求めていく。これが第二次大戦の要因のひとつにもなるのだ。

●自転車、おもちゃ、鉄…世界貿易をかき回す

綿製品の他、戦前の重要な輸出産品に、自転車がある。自転車は綿製品と同様に、イギリスの主力商品だったのだが、これも日本がお株を奪ってしまったのだ。

日本の自転車産業は、昭和12（1937）年に、機械系輸出品目のトップに立った。※⑥

当時は日本は、自転車を1台25円前後で輸出していた。この価格は、イギリス製自転車の半値程度の金額だった。そのため、世界の市場では日本製自転車に人気が集まり、またたくまにシェアを獲得していった。この動きにイギリスは黙っておらず、英領に輸出される日本製自転車に関税をかけるなどして対抗したが、日本の低価格攻勢はそれを楽々クリアしたのである。

自転車は、明治維新前後に輸入されたとみられているが、誰が最初に持ち込んだのか、その詳細はわかっていない。当時はかなり珍しい乗り物で、日清戦争の頃などは自転車が通りかかっただけで、多くの野次馬が集まってきたほどだったらしい。

そうした自転車が盛んに作られるようになったのは、やはり明治維新の影響だった。

戦前の日本の主力工業輸出品だった自転車

江戸時代、各藩にはお抱えの鉄砲鍛冶がいたが、維新後に西洋の新しい技術がもたらされるとその大部分が失業してしまった。そこで、職にあぶれた鉄砲鍛冶らが目を付けたのが、同じく鉄でできた自転車だったのだ。

自転車の製造は、フレーム部など鉄砲と共通する技術が多かった。そのため、鉄砲鍛冶は自転車が普及しはじめると、まず修理業をはじめ、そのうち自ら自転車を製造するようになったのである。[※7]

自転車の生産台数は、大正12年には7万台だったのが、昭和3年には12万台、昭和8年には66万台になり、昭和11年にはついに100万台を突破した。それ以降、戦争が激化するまで100万台前後の生産数を誇った、日本の主力商品だった。[※8]

その他にも、有力な工業輸出品があった。代表的なものが玩具である。

玩具の輸出は幕末期、横浜を訪れた欧州の商人が、縁日などで民芸品や小物を買い集めて輸出したことからはじまった。当時、輸出されていたのは、絵を貼り込んだ日傘や千代紙、竹とんぼ、木船、凧、天狗のお面といったものだった。だが、その後、日本で玩具の輸出が推奨されるようになると、玩具業者も本腰を入れて商品を作り始めるようになる。

舶来品の玩具を研究し、セルロイドや金属を使ったおもちゃや電気仕掛けの模型、ゴムまり、人形などを製造。また時代を反映してか、おもちゃの鉄砲や戦艦の模型なども売り出し、第一次大戦期に日本の玩具業界は大躍進を遂げた。

アメリカはこうした動きを警戒して輸入制限の措置をとったが、その影響を感じさせないほど勢いがあった。玩具の輸出は、世界大恐慌の頃に一時期不調に陥ったものの、昭和に入って持ち直し、昭和８年には輸出額が２６００万円に膨れ上がっていた。

また、製鉄も日本にとって貴重な輸出品になろうとしていた。

製鉄は、国家の工業力のバロメーターともいわれており、日本も日清戦争で得た賠償金で八幡製鉄所を建設するなど、その発展に力を注いできた。

その甲斐があって、昭和初期にはほぼ自給できるまでになっており、しだいに海外に向けて輸出するようになっていったのだ。

昭和７（１９３２）年には、オランダのグロニンゲン市[※⑨]の水道管に使う鉄を日本が引き受け、世界を驚かせたことがあった。ドイツなどのヨーロッパの製鉄大国を差し置き、極東の島国の鉄が選ばれたのだ。

その他にも、マッチや洋傘、ブラシなど、世界的なシェアを獲得していた輸出品は多かった。戦後、工業立国として花開いた日本だったが、その下地はすでに戦前の頃から作られていたのである。

【注釈】

※①**紡績業**……原料の繊維から生糸を精製する産業。

※②**産業革命**……18世紀から19世紀にかけて起きた産業革新。機械を導入したことにより、生産量が飛躍的に上昇。産業構造のみならず、社会構造にも大きな変革をもたらした。

※③**電力を大々的に導入**……当時、本格的に電灯の設備を持っているのは大阪紡績ぐらいだったので、華族が国際的なパーティーを催すときは、大坂紡績から電灯を借り受けたという逸話もある。

※④**日本が紡績業で躍進した理由**……日本の紡績業が成功した要因は次の4つである。

一、イギリスがミュール精紡機に固執していたのに対して、日本はすぐにリング精紡機を導入した。

二、低賃金によって実現した低コスト体質。

三、商社の活発な活動によって綿花を大量かつ安価にストックできた。国際的に綿花の相場が上がった際にもそのストック分を使うことで対処できた。

四、イギリスでは小規模の紡績会社が乱立していたのに対し、日本では大企業が大掛かりに商売をしていた。

※⑤**閉鎖的な経済体制**……いわゆる「ブロック経済」のこと。世界恐慌でダメージを受けたイギリスは、経済を回復させるために大英帝国とその植民地内で閉鎖的な貿易圏を形成。アメリカや欧州の国々もそれにならったため、植民地が少ない国、ブロック経済から外れた国は輸出入ができなくなり、深刻な打撃を受けた。

※⑥**機械系輸出品目のトップ**……昭和12（1937）年の機械輸出のランキングは、1位・自転車、2位・船舶、3位・鉄道車両、4位・自動車、自動車部品だった。

※⑦**自ら自転車を製造するようになった**……たとえば、現在の大手自転車メーカー・ミヤタサイクルは、鉄砲鍛冶だった宮田栄助が明治23（1890）年に、経営する宮田製銃所で自転車の修理製造を始めたのがきっかけで誕生している。

※⑧**日本の主力商品**……昭和12年の自転車輸出先は、1位・中国、2位・インドネシア、3位・インドで、その後に満州やその他のアジア諸国が続いた。

※⑨**グロニンゲン市**……オランダ北部のフローニンゲン州の州都で、同州の商工業の中心地。現在では「フローニンゲン市」と読むのが一般的。

戦前の逸話 其の11

【日本で育まれた革命の種】

日本はアジアの革命基地だった

●指導者に共通する過去

孫文、周恩来、蔣介石、李登輝[※①]、朴正熙……。

彼らはいわずと知れた、東アジアの近現代史を代表する革命家や政治家である。

実は、先に挙げた彼らにはある共通点がある。

それは、日本に亡命、もしくは留学した過去があるということである。

20世紀最大の悪夢、第二次世界大戦を経験したことにより、戦前の日本には「世界の嫌われ者」「アジアの侵奪者」といったイメージがある。

だが、実際にそう扱われるようになったのは、第二次大戦の直前になってからのことだった。

昭和初期までの日本は、経済や教育、思想などでアジアをリードする存在だったのだ。

歴史を振り返ればわかるように、日本はアジアの中でいち早く近代化に成功し、欧米列強の植民地になることのなかった数少ない国である。また、明治末期に勃発した日露戦争では、圧倒的物量を誇った強国ロシアをも討ち破り、世界を仰天させた。

そうした〝強い日本〟の姿は、欧米列強の支配に苦しんでいたアジア諸国にとってひとつのモデルケースだった。その強さ、あるいは近代化の秘訣を学ぶために、アジアの革命家たちはこぞって日本を訪れ、革命の謀議をめぐらせていたのである。

中国革命の父、孫文は1895年の武装蜂起に失敗後、日本に亡命した。その後、ハワイ、イギリスを転々とした後、2年後に再び日本に上陸。宮崎滔天※②らの支援を受け、「中国革命同盟会」を組織し、後の辛亥革命を成し遂げた。

孫文を援助したのは、宮崎滔天だけではなかった。帝国ホテルの創業者である大倉財閥の大倉喜八郎も、革命資金300万円（現在の価値にすると約60億円）を融資した。映画会社日活の前身であるエム・パテー社の梅屋庄吉※③も資金提供している。

このことからわかるように、当時の日本人のなかには、アジアの独立運動に協力するものが数多くいた。

インドカレーで有名な新宿の西洋レストラン中村屋は、インドの独立運動家ラス・ビハリ・ボーズを庇護している。ボーズは、第一次大戦中に祖国を支配するイギリスのインド提督暗殺を企て、日本に亡命していた。中村屋のインドカレーのレシピは、ボーズが伝えたものともいわれている。

デパート松坂屋の当主、伊藤祐民は、ビルマの僧侶で独立運動家であるウ・オッタマの依頼を受け、実費でビルマ人留学生を受け入れている。ビルマはインドと同様にイギリスの植民地だった。つまり、インドやビルマの独立運動を支持するということは、当時、世界で有数の力を誇った大英帝国を敵に回すのと同じことだった。しかし、それでも日本には進んで手を差し伸べる者たちがいた。当時の日本には、気骨のある者が多かったということだろう。

中国の革命家・孫文（左）とベトナムの革命家ファン・ボイ・チャウ

その他では20世紀初頭のベトナム独立運動の中心的存在だったファン・ボイ・チャウも援助を求め、１９０５年に横浜に上陸している。ファン・ボイ・チャウは本国に向け、日本に留学生を送るように指示した。それから2年後には、ベトナム人留学生は２００名に達し、東京で「新ベトナム公憲会」を組織し、抗仏独立運動の一勢力となった。

こうしたベトナム人留学生の動きに不快感を示した宗

主国のフランスは、独立運動の弾圧のため、留学生の家族を逮捕し、留学生の引渡しを求めて日本政府に圧力をかけた。

当時、日本はフランスと日仏協定[※④]の締結に向けた交渉の真っ最中であり、政府はフランスとことを荒立てるのを嫌っていた。しかし、引渡すのだけは忍びない、ということで犬養毅や大隈重信、後藤新平らの働きかけによって「国外退去」で落ち着いた。

こうしてみると、アジアの国々の独立運動の多くは、戦前の日本となんらかの関係があることがわかる。第二次大戦後、これらの国々は相次いで独立を果たしたが、その下地は日本の地で作られていた、ということもできるのである。

●戦前の日本の学力とは!?

アジアの革命家たちが日本を目指したのには、ほかにも理由があった。

実は、戦前の日本は世界でも有数のレベルを誇る教育大国だった。

日本は古くから教育意識が非常に高い国で、江戸時代にはすでに寺子屋などの教育機関が発達していた。幕末期の江戸の識字率は男子が79％、女子が21％、知識階級だった武士なら、ほぼ100％だった。同様に僻地の農村でも20％近くあったというので、当時の他の地域と比べると、驚異的な数値である。

明治維新直後に出版された『学問のすゝめ』は数百万部のベストセラーといわれているが、当時、これだけ本が売れたということは、字を読むことのできる者がそれだけいたということである。

今日に繋がる我が国の学制は、１８７２年に始まったが、それから30年後には小学校の就学率が90％を超え、終戦時にはほぼ１００％になっていた。これはアジア諸国はもちろん、欧米とくらべても先端をいっていたことになる。

さらに富国強兵を掲げ、西洋近代化をめざした明治期には、欧米の学問を積極的に吸収するため、西洋から学者などを招くことなども行っている。こうした充実した教育制度が、アジアの革命家にとって魅力的に映ったに違いない。

●日本にやってきた留学生たち

戦前期の日本に、もっとも多くの学生を送っていたのは中国だった。

毛沢東の信任が篤かった周恩来[※5]は、１９１７年に19歳で来日し、東亜高等予備学校で大学進学のために日本語を学んでいた。中華民国の元首となる蒋介石も陸軍士官学校の準備教育をしていた東京振武学校[※6]の卒業生である。

中国人留学生の受け入れは、明治29年からスタートした。はじめて来日したのは、中国外務省の選抜試験[※7]に合格した13人だった。明治29年というと、日清戦争終結からわずか2年後のことである。その戦争で大敗した中国は、新興国である日本から学ぼうとしたのだろう。

中国人留学生は徐々に数を増していき、日本が日露戦争で勝利を収めると一気に激増した。それをピークに日中関係が冷え込むにつれ、徐々に数を減らしていったが、それでも昭和初期には５０００人以上の中国人留学生がいたのである。

また中国のみならず、日本が統治していた朝鮮半島や台湾からも多数の学生が来日していた。このうちもっとも多かったのは朝鮮半島からで、１９４２年ごろには3万人近くに達していた。特に陸軍士官学校への留学は多く、陸軍は朝鮮半島出身者のための特別クラスを用意していたほどである。

陸軍士官学校出身者は、朝鮮戦争では韓国軍の幹部になったり、後には韓国政界の中枢に座ったものも多い。朴正熙[※8]元大統領も日本の陸軍士官学校出身である。

また、台湾の李登輝元総統も日本留学経験者である。台湾の学校を卒業した後、京都大学で農学を修めている。その他、正式な数字は判明していないが、ベトナムやフィリピン、インドやインドネシアなど東南アジアの国々からも多数の留学生が来日していた。

東南アジアの国々は、当時、まだ欧米の植民地だったため、学生にとってオーソドックスな出世コースは、宗主国で学ぶことだった。宗主国にとっても、学生が日本で学ぶことは面白くないので、前述のフランスによるベトナム人留学生への迫害に代表するような様々な妨害を行った。しかし、それでも彼らは日本で学ぼうと思ったのである。

それに応えるように、日本側でも官民ともに留学生を積極的に受け入れた。

昭和10（1935）年には、近衛文麿公爵が会長となり、国際学友会という団体が設立された。[※9] この団体は、外務省の肝いりで作られた外国人留学生を受け入れのための機関で、主に東南アジアの留学生の世話に当たっていた。

また、留学生を出身国別にサポートするような試みも行われており、中華学会（中国人留学生向け）や満州国留日学生補導協会（満州出身者向け）、善隣協会（モンゴル人留学生向け）といった機関が作られていた。私大も留学生の受け入れに積極的で、早稲田大学などには清国留学生部という中国人留学生専用の学部があった。その他、法政大学や明治大学でも多数の受け入れを行っていたという。

毛沢東の右腕だった周恩来（左）、韓国の大統領を務めた朴正熙（右）はいずれも青年時代に日本への留学経験があった

また、わずかではあったが、欧米からの留学生もいた。

たとえば、戦後ＧＨＱのスタッフとして財閥解体などを指揮した、アメリカ人エコノミスト、エレノア・Ｍ・ハドレー女史も前述の国際学友会の招きで来日したひとりである。

ハドレーは、彼女の大叔母が日本で暮らした経験があったことなどから、日本に興味を持ち、国際学友会に留学の申請をした。そして日中戦争がはじまり、日本に対する国際批判が高まる昭和13（１９３８）年に来日。太平洋戦争の直前、昭和15年に帰国した。

国際学友会の援助は手厚く、留学の世話だけでなく、費用も全額負担した。そのため、ハドレーの学費はすべて無料で、そのうえ月額１４０円（現在の価値にすると約28万円）もの生活費が支給されていたという。これは、当時のサラリーマンの平均月収よりも多い金額である。

このように、戦前の日本は、多数の留学生が集まる教育大国であり、最盛期には２万人以上の外国人学生が学んでいたといわれている。戦後、日本で学ぶ留学生の数が１万人を超えるようになるのは、80年代に入ってからのことである。当時の交通事情を考えると、戦前の留学生の数は驚異的だったのだ。

戦前の日本教育は、アジア諸国に少なからず影響を与えた。当時の日本で受けた教育に感謝している著名人も多い。たとえば、近代中国の代表的な作家、魯迅[※⑩]は日本での教育について小説『藤野先生』でこう振り返っている。

先生の写真だけはいまでも私の北京の寓居の東側の壁、机の正面にかかっている。いつも夜になって疲れが出、ひと休みしようかと思うとき、顔を上げて、灯りの中の先生の浅黒い痩せ形の顔が、今にもあの抑揚のある口調で話しかけてきそうになるのを見ると、私は俄然良心に目覚め、勇気が満ちてくるのを覚える。

作中で書かれた藤野先生とは、魯迅が1904年から1年半間学んだ仙台医学専門学校の教師、藤野厳九郎[※⑪]のことである。魯迅は基礎学力が不足していたため、勉強についていけず専門学校を中退してしまうが、そうした劣等生の魯迅を辛抱強く指導したのが、藤野だった。魯迅はその姿勢に、深い感銘を受けたというのである。

学校を中退した後、魯迅と藤野が連絡をとりあうことはなかった。

藤野は、小説『藤野先生』を見て、中国の偉大な小説家がかつてのデキの悪い教え子だったことを知ったという。

中国の文豪、魯迅も日本で学んだ

【注釈】

※①**李登輝［り・とうき］**（１９２３～）……中華民国の政治家。当時日本領だった台湾で生まれ、京都帝国大学農学部に進学。戦後は台湾大学で学び、米国留学を経て政治の道へ進む。１９８８年には台湾総統に就任、中華民国の民主化に尽力した。

※②**宮崎滔天［みやざき・とうてん］**（１８７１～１９２２）……革命家。上海を旅したことがきっかけで、中国の革命を支援。孫文の「中国革命同盟会」の設立に尽力した。晩年は中国人革命家から離れ、辛亥革命成功の喜びを分かち合うことなく、不遇のうちに生涯を終えた。

※③**梅屋庄吉**（１８６８～１９３４）……日本活動フィルム株式会社（現・日活）の創業者のひとり。孫文以外にもアジア諸国の独立運動家を支援しており、初代フィリピン大統領となるアギナルド将軍とも親交があった。

※④**日仏協定**……幕末に結ばれた不平等条約を改定する協定。明治44（１９１１）年に、日仏通商航海条約として結実。日本は関税自主権を得て、不平等条約は解消した。

※⑤**周恩来**（１８９８～１９７６）……中華人民共和国の政治家。中学校を卒業後に、留学のために来日。第一高等学校と東京高等師範学校を受験するもいずれも失敗。東亜高等予備学校で日本語を学び、明治大学に通った。

※⑥**東京振武学校**……陸軍士官学校や陸軍戸山学校に入学を希望する中国人留学生のために作られた準備機関。現在、跡地は東京女子医大になっている。

※⑦**選抜試験に合格した13人**……この13人の留学生は、中国外務省の選抜試験にパスした官費留学生である。日本側は、柔道の創始者である嘉納治五郎を受け入れ責任者にしたが、13人のうち4人がわずか3週間で帰国。他の者も順次脱落し、予定の3年をまっとうできたのは7人だけだった。

※⑧**朴正熙［パクチョンヒ］**（1917～1979）……大韓民国の政治家、軍人。クーデターで政権を握り、第5代大統領に就任。15年以上も大統領職に留まったが最期は側近に暗殺された。日本に留学したのは昭和17年、3位の成績で陸軍士官学校に入学している。

※⑨**近衛文麿［このえ・ふみまろ］**（1891～1945）……第34、38、39代内閣総理大臣。公家の名門の近衛家の当主として生まれ、満25歳で貴族院議員となる。第一次近衛内閣のときに日中戦争が勃発。戦後、GHQから戦犯の疑いがかけられると服毒自殺した。

※⑩**魯迅［ロジン］**（1881～1936）……近代中国を代表する作家。23歳頃に来日し、仙台医学専門学校（現東北大学医学部）に学ぶもドロップアウト。その後、中国に戻り文筆活動に入る。代表作に『狂人日記』『阿Q正伝』などがある。

※⑪**藤野厳九郎**（1874～1945）……医師、仙台医学専門学校教授。学力が不足し、苦しんでいた魯迅を根気強く指導。大正4年、仙台医科専門学校が東北帝大の医学部になる際に辞職。その後は、郷里に戻り開業医となった。

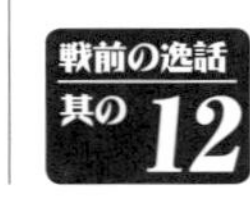

明治時代には電気が通っていた

【実は凄かった戦前のインフラ事情】

●近代化の太陽、電力の登場

日本の電気産業は、すでに明治時代にはじまっていた。

明治の初頭には、日本初の電力会社「東京電燈」が設立。発起人になったのは、物理学者の藤岡市助[※①]や財閥家の大倉喜八郎らで富国強兵のためには電力が不可欠との思いで、創業されたものだった。

同社は、明治19（1886）年に活動を開始し、翌年には、早くも電力の供給に成功し、東京の5ヶ所に火力発電所の設置を進め、その翌年からは200KWの大出力発電所である浅草発電所の建設をはじめた。

アメリカでエジソンが電気事業をはじめたのは1880年のことだった。そのわずか7年後には、日本でも電気が通っていたのである。これは、おどろくべきスピードだといえる。

明治20年代の横浜。ガス灯と電灯が共存しているのがわかる

とはいえ、まだ当時の人々にとって電気は遠い世界のものだったようだ。

東京電燈が活動をはじめた当初、電力供給の契約者はわずか134名を数えるばかりだった。しかし、それも瞬く間に普及し、5年後には契約者数1万4000以上、浅草凌雲閣には、電力で稼動するエレベーターまで登場している。※②

明治21年以降は、大阪や神戸、京都、名古屋にも相次いで電力会社が設立され、電気産業の波は全国にも波及した。

開業当初の発電方法は、石炭を燃やす火力発電が主だった。だが、明治25年に琵琶湖に水力発電所ができたのを皮切りに、全国に水力発電施設が作られるようになる。明治39年には山梨県の駒橋に桂川系の水力を利用した発電所が建設され、80キロという長距離送電を開始した。また、中部山岳地方でも水力発電所が相次いで作られ、京阪神にも電力が供給されるようになった。

この水力発電は、日本の産業のあり方を変えた。

電気料金が安くなったことによって、電気は急速に普及し、工場ではボイラーを焚いて動力を得るよりも電気を使った方が安上がりになった。この動きは大工場のみならず、中小規模の工場にも広がり、電気は産業にとってなくてはならないものになったのだ。

●家庭にも電気が行き渡る

大正5（1916）年になると、東京や大阪で80％、全国では40％の家庭に電気が行き渡っていた。

当初は電灯ぐらいしかなかった電化製品も開発が進み、電灯以外にも電気の使い道が増えていった。

それらのうち、最初に普及し始めたのは、電熱器を使った電気コンロ、アイロン、扇風機などだった。その後も欧米から輸入されるなどして、すでに昭和初期には、トースターや電気ストーブ、冷蔵庫、洗濯機、掃除機、クーラーといったものまで登場していた。

ただし、そうした電化製品を手にできるのはごく一握りの者だけだった。※③
当時の電化製品は非常に高価で、庶民にとっては高嶺の花どころか、まだまだ夢の道具だっ

戦前の洗濯機（左）と冷蔵庫（右）。いずれも輸入品で非常に高価だった

た。昭和9年頃の冷蔵庫は、600〜800円だった。現代の貨幣価値に換算すると、百数十万円。自家用車が優に1台買えるほどの値段だったのだ。

そのため、庶民にとっては電気といえば、やはり電灯だった。

当時は定額灯という料金設定があり、夜間はいくら使っても自由だが、昼間は送電されない、また送電量が限られており、電灯にしか使えないというものだった。普通の家庭では、電化製品を持っていることが少なかったので、この定額灯にしていることが多かったのである。

当時の電化製品は、すでに述べたように欧米からの輸入品が主だった。

だが、大正時代に入ると、芝浦製作所[※④]が扇風機の量産に成功するなど、国産メーカーも存在感を示しはじめていた。しかし、それも戦争がはじまるまでのことだった。日中戦争、太平洋戦争と続くうちに、電気産業は軍需一色となり、国産家庭用電化製品の製造は、戦後まで棚上げにされるのである。

【注釈】

※①**藤岡市助**（1857〜1918）……工学者、実業家。工部寮（東大工学部の前身）を卒業後、「東京電燈」に参加。電気の普及に尽力し、電車や浅草凌雲閣のエレベーターなどを作った。その功績から「日本のエジソン」とも呼ばれる。

※②**浅草凌雲閣**……明治23（1890）年に浅草に建てられた12階建て商業ビル。当時の最高層建築物で展望室もあった。明治大正の東京の名物で周辺の繁華街は「12階下」と呼ばれたが、関東大震災で被災し取り壊された。

※③**電化製品の普及率**……昭和12（1937）年の調査では、卓上扇風機が70万台、家庭用冷蔵庫が全国で1万2000台、洗濯機3000台、掃除機6000台、クーラー300台程度だった。よく普及したとされるアイロンでも300万台で、数軒に一軒くらいしか持っていなかった。

※④**芝浦製作所**……現在の家電メーカー大手、東芝の前身である。

戦前の逸話 其の13

【歴史に名を残す発明発見が続々！】

最先端にあった日本の科学力

●戦前も優れていた日本の科学技術

戦前の科学技術というと、当時の欧米諸国と比べるとかなり劣っていたイメージがある。

たしかに、戦前の日本は現代のような技術立国とは違うし、工業国のバロメーターである「自動車の保有台数」[※①]も欧米の先進諸国には遠く及ばなかった。

しかし、それでも分野によっては最先端を行っていたものもあった。

その代表的なものが「通信」の分野である。

通信は、今でも科学技術の最先端分野だが、日本は戦前からこの分野で長じていた。

たとえば、テレビ画像の送受信に初めて成功したのも、日本人科学者の高柳健次郎である。

浜松高等工業学校（現・静岡大学工学部）の助教授だった高柳は、昭和元（１９２６）年12月25日に自作のテレビ送受信機を用いて、カタカナの「イ」を映し出すことに成功したのだ。

テレビ映写実験の様子。左から２人目が高柳助教授（当時）

当時は、先進各国が次世代の情報通信手段として、テレビ開発にしのぎを削っていた。世界が注視する科学技術を、日本の高等学校の助教授がいち早くものにしたわけである。

また、無線技術においても、日本は画期的な発明をしていた。

昭和３（１９２８）年には、東北帝国大学の八木秀次教授を中心とする研究グループが、テレビアンテナなどの原型となる「八木アンテナ」※②を開発。また、同じ東北帝大の岡部金次郎によってマグネトロンが実用化された※③。マグネトロンは強力なマイクロ波を発生させる真空管のことで、現代ではレーダーや電子レンジなどに応用されている。マグネトロン自体は１９１６年にアメリカのＧＥ社が開発していたが、その実用化が急がれていたものだった。

第二次世界大戦中の航空機に取り付けられた八木アンテナ

●気づかれなかった発明品

八木アンテナやマグネトロンは、現代にも通じる非常に有用な研究発明だったにも関わらず、日本における評価はあまり高いものではなかった。

当時、軍部は新兵器レーダーの開発にやっきになっていたにも関わらず、これらの研究の有用性に気づかず、積極的に活用しようとはしなかった。

結局、レーダーの開発は英米に先を越されてしまったのである。

第二次世界大戦が開戦した後、シンガポールを陥落させた日本軍は、接収したイギリス艦隊を見て、驚いたという。

艦隊には〝YAGI・ARAY〟という見たこともない機材が積まれていた。それがどうしても理解できない日本軍は、英国側を問いただし、愕

然としたという。〝ＹＡＧＩ・ＡＲＡＹ〟は、日本人科学者八木教授の開発した技術だというのだ。[※④]

なぜ、八木教授らの発明は当時の日本で軽視されたのか。それは、当時の日本では発電や送電、電動機などの〝電力〟に関する技術がもてはやされ、電気通信の技術は二の次、三の次だと考えられていたからだ。

そのため、東北帝大から電気通信に関する論文が矢継ぎ早に発表されると、学会は閉口して、論文提出をしばらく遠慮してくれなどといってくるような始末だった。

当時は、電気通信の黎明期であり、その価値を理解できた者がいなかったということもあるだろうが、日本人がそれほど重要な発明をするはずがないという思い込みもあったようである。明治維新以来、こと科学技術に関しては欧米の後塵を拝してきた日本が、よもや欧米を凌駕するような発明をするなどとは思わなかったのだろう。

●まだある戦前の功績

しかし、当時の日本は明治以来続けてきた富国強兵、学力重視の政策が実を結びつつあったときだった。前述の技術以外にも、零式戦闘機に使われた超々ジュラルミン[※⑤]や合成繊維の技術など、世界に先駆けていたものも多いのである。

この時期に発明されたものには、次のようなものがある。

日本の紡績技術の革新に貢献した豊田の自動織機。松下幸之助が開発し、電化製品を普及させるきっかけになった[※6]二股ソケット。家電メーカー、シャープの創業者・早川徳次が開発したシャープ・ペンシルなど、後の技術大国の片鱗をうかがわせる発明が相次いでいたのだ。

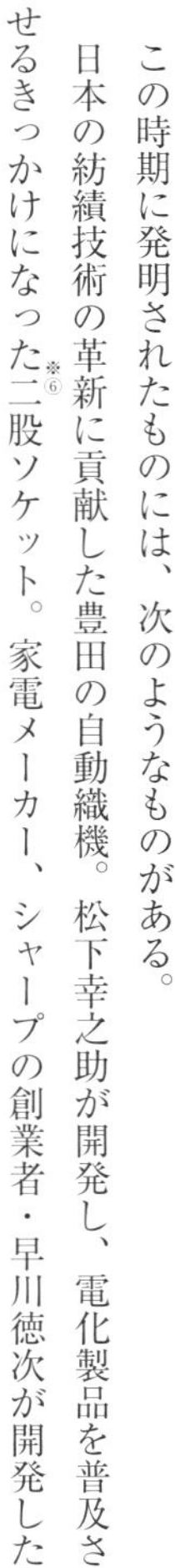

血清療法の研究で第一回ノーベル生理学・医学賞の候補になった
北里柴三郎（左）とビタミンB1の発見者・鈴木梅太郎（右）

また、医学や化学の分野でも、戦前の日本人は凄かった。

北里大学の創始者として知られる北里柴三郎は破傷風菌の培養に成功し、血清療法を応用してジフテリアの治療に成功するなど、[※7]ノーベル賞クラスの業績を挙げた。また、黄熱病の研究などで功績を挙げた野口英世も、世界的な名声を獲得した細菌学者だった。

その他、あまり知られてはいないが、ビタミンの存在を最初に発見したのも日本人農学者・[※8]鈴木梅太郎である。鈴木は戦前の国民病だった脚気の原因を探るうちに、米糠からオリザニン（ビタミンＢ１）という栄養素を発見し、それが脚気に効くことを実証したのだ。

また大正13年には、荻野久作博士が、女性の排卵日と月経との関係を明らかにした「荻野学説」を発表した。いわゆる「オギノ式」の避妊法である。

「オギノ式」は当初、不妊治療のために考案されたものだったが、後に避妊法として使われるようになる。そのことに考案者の荻野博士は最後まで反対したというが、現在ではローマカトリック教会で唯一認められた避妊法として認知されている。

こうして振り返ると、戦前の日本でもすでに科学の芽が出て、花が咲いていたことがわかる。科学技術立国は一朝一夕になれるものではない。記録に残る偉大な学者や、埋もれていった研究者の存在があったからこそ、現代の日本があるのである。


【注釈】

※①**自動車の保有台数**……第二次大戦の開戦直前（１９３９年）、日本の自動車保有台数は、約22万台。それに比べて、イギリスは約１５０万台、ドイツは約２００万台、アメリカはなんと約３０００万台も保有していた。

※②**八木アンテナ**……高周波エネルギーを電波に代え、送受信を行なうアンテナの一種。共同研究者の宇田新太郎博士の名前を入れて、「八木・宇田アンテナ」と呼ばれることもある。現在でもその技術は、

テレビのアンテナやアマチュア無線、業務無線の連絡基地などに応用されている。

※③**東北帝大の相次ぐ大発明**……東北帝大でこの時期、世界的な発明が相次いだのは斎藤善右衛門という篤志家から潤沢な資金援助を得ていたからである。斎藤は仙台の金融業者で300万円を寄付して「斎藤報恩会」という財団をつくり、主に東北帝大の研究費を援助した。当時の300万円は、現在の価値にして100億円ほどになる。

※④**理解できない日本軍**……日本軍は英語で書かれたYAGI・ARAYの説明書に「YAGI」という単語が出てくるたびに、どう翻訳すればいいかわからず困惑した、との話もある。

※⑤**超々ジュラルミン**……昭和11（1936）年に住友金属が開発した、アルミニウム合金。高い強度と耐圧力があり、現在でも航空機の機体やネジに使用されている。

※⑥**二股ソケット**……電灯用のソケットに、もうひとつ差し穴を設けたもの。そこにつなげば電灯をつけつつ、他の電化製品を使うことができた。

※⑦**ノーベル賞クラスの業績**……北里は同研究で第1回ノーベル医学・生理学賞の候補となるも、共同研究者のベーリングだけが受賞した。北里落選の裏では、人種差別があったのではないかとされている。

※⑧**鈴木梅太郎**（1874〜1943）……農芸化学者。軍艦「筑紫」で米と麦を半々にした食事を出したところ、脚気患者が減ったことにヒントを得て、米糠の中にあった栄養素オリザニン（ビタミンB1）を発見。脚気の研究に大きな進展をもたらした。

戦前の逸話 其の14

幻の超特急「弾丸列車計画」

【海をまたいだ大陸横断鉄道の夢】

昭和39（1964）年、東京～大阪間に東海道新幹線が開通した。

当時、世界でもっとも速い運行速度を誇った新幹線の開通は、鉄道の歴史が新しい段階に入ったことを印象づける出来事だった。

しかし、昭和39年といえば、終戦からわずか19年である。日本は戦争で焼け野原になった。そこから20年たらずで、最新鋭の新幹線を開通させている。これは驚異以外の何物でもない。

なぜ、日本はそれほど早く、新幹線を開通させることができたのか。

実は、新幹線の誕生の裏には、戦前の驚くべき計画が隠されていたのである。

●幻の「弾丸列車計画」

新幹線は、戦後になって企画立案されたものではない。実は、計画自体は戦前に作られ、着

南満州鉄道の特急あじあ号。当時の日本の鉄道技術の高さを示す車両だった

工のゴーサインまで出ていたプロジェクトだったのである。

戦前の新幹線構想は、「弾丸列車計画」[※①]と呼ばれていた。東海道線、山陽本線にこれまでにない高速鉄道を走らせる、というものだ。

このプロジェクトの背景には、日本の産業の急成長という要因があった。東海道線、山陽本線は、東京と関西、九州を結ぶ日本の大動脈であり、ただでさえ輸送量は多かった。それに加え、日本は朝鮮を合併し、満州にも植民地を持つようになると、大陸向けの輸送量も増大。東海道線と山陽本線はパンク寸前だった。日本満州間の旅客量は、昭和6年には30万人だったが、昭和12年には52万人、昭和14年には90万人を超えていたのだ。

そこで昭和13年に東海道線、山陽本線とは別に広軌道の鉄道を走らせる「弾丸列車計画」が打ち出された。この計画は、鉄道省や軍部との何度かの審議の後、昭和15年に実行が決定した。

建設計画では、時速200キロ、軌間1435ミリ、車両の長さ25メートル、ホームの長さは500メートル、1日に片道42本の旅客列車を走らせる予定だった。これらの数値は、新幹線が開業したときと非常によく似ている。

鉄道省は、この新鉄道は当時の最先端技術である「電車」で運行しようと考えていた。しかし、これには軍部が猛反発した。電車だと変電所が爆撃されれば一発で動けなくなる、というのだ。

鉄道省も、軍部の意向には逆らえず、結局、蒸気機関車による運行に同意した。

そこで、弾丸列車計画では動輪の直径を2メートル30センチにする予定だった。日本の代表的な蒸気機関車D51の動輪が、1メートル40センチなので、それを1メートルも上回ることになる。当時、世界最大級といわれたあじあ号※③でも、動輪は2メートルだったので、その巨大さが知れる。もしもこれが完成していれば、怪物のような蒸気機関車になっていたことだろう。


蒸気機関車で時速150キロ以上を出すのならば、かなり大型の動輪※②が必要になる。

●日本と朝鮮半島をつなぐ仰天の計画

実は、このプロジェクトには、さらにスケールの大きな目標もあった。

「弾丸列車計画」では、東京と西日本をつなぐだけでなく、最終的には東京と北京をつなごうとまで考えていたのである。

もちろん、日本と中国の間には海があるため、陸路は不可能である。そのため、下関から朝鮮半島まで海底トンネルを掘り、北京まで直通させるつもりだったのだ。

夢のような話であるが、当時はかなり本気だった。下関と釜山を結ぶ海上の連絡線は、軍需物資の輸送で大混雑をきたしていた。そのため、その連絡線の海底をトンネルで結ぶ計画も検討されていた。このトンネル計画は、実地調査も数回行われていた。

当時、日本の鉄道技術はすでに世界的なレベルにあり、昭和6（1931）年9月1日には、建設中の上越線で世界最長の清水トンネル[※4]の開通に成功している。昭和17（1942）年には、関門海峡において、世界で初めて海底鉄道トンネルである関門トンネル[※5]を作っている。朝鮮半島まで延びる海底トンネルも決して夢物語ではなかったのだ。

またこの時期、さらに広大な鉄道建設もあった。

昭和13年には、鉄道省の監察官だった湯本昇が「中央アジア横断鉄道計画」をぶち上げた。これは朝鮮から北京を経て、アフガニスタンのカブール、イランのテヘラン、イラクのバグダッドまで延べ7474キロを直通する鉄道を作ろうというのだ。いわばシルクロードをそのまま鉄道で通してしまうという計画である。そしてヨーロッパ側の鉄道と連結して、ベルリンまでつなごうというのである。

また満鉄の第10代総裁の山本条太郎も、上海、ロシア経由でヨーロッパまで直通する鉄道を構想していると発言していた。

当時、日本からヨーロッパへ行く場合はシベリア鉄道を使っていた。[※⑥]シベリア鉄道は1891年着工、1916年に完成、総延長は約9000キロ。このシベリア鉄道を使って、日本からベルリンまでは14日間。しかし、ソ連は国情が不安定で、中国との関係も悪いため、使えなくなることもしばしばあった。そのため、いっそのこと中央アジアを経由する鉄道を日本が作るべき、と考えたという。

もちろん、これらの広大な計画は、戦局の悪化とともに潰えてしまった。が、東海道、山陽新幹線は、進化系となって20数年後に実現している。もしかしたら、他の広大な計画も、実現するときがくるかもしれない。

【注釈】

※①**弾丸列車計画**……立案は昭和14（1939）年。最高速度200キロ、東京～大阪間を4時間半で結ぶことなどを目標にした。議会の承認を得て、総予算5億5600万円をかけて建設することが決まったが、戦局の悪化のために昭和18年に中止。建設中のトンネルや買収済みの用地は戦後の新幹線計画で大いに活用された。

※②**動輪**……蒸気機関車の原動機のエネルギーを受け、回転して動力に変える装置。バイクでいうところの後輪のようなもの。

※③**あじあ号**……当時の日本の最新技術を駆使した機関車。全長約25・7メートル、高さ約4・8メートル、幅約3・4メートル、総重量約203トン、動輪は直径2メートルで風の抵抗を少なくするため流線型の車体をしていた。石炭は1時間に約3・5トン必要だったため、人力ではなく、自動的に石炭を砕いてボイラーに投入していた。

※④**清水トンネル**……全長約9702メートル。群馬県と新潟県の県境にある。川端康成の小説『雪国』の冒頭「国境の長いトンネルを抜けると」の「トンネル」は清水トンネルのことを指すとされる。

※⑤**関門トンネル**……本州の下関と九州の門司を結ぶ海底鉄道トンネル。昭和12年に着工し、昭和17年に完成。国鉄の在来線が走っていた。現在、新幹線が使っている関門トンネルとは別のものである。

※⑥**シベリア鉄道**……ロシアを東西に横断する世界一長い鉄道。モスクワ～ウラジオストク間で約9297キロもある。故・水野晴郎監督の『シベリア超特急』は、同鉄道を舞台に車内で起こる殺人事件を解き明かすという趣向の作品。

戦前の逸話 其の15

【輝けるダイオオサカの歴史】

大阪が日本最大の都市だった！

●関西の雄「大阪」の栄光の時代

関西、とくに大阪府出身者のなかには、東京に対して敵意にも似た感情を抱く者がいる。「東京はダメだ」「やっぱり大阪は違う」といった皮肉交じりの嘆きを聞くたび、著者はそこに強い郷土愛と、東京へのコンプレックスを感じてしまう。だが、歴史的に見れば大阪は何も東京にコンプレックスなど抱く必要はないのである。

なぜなら、大阪にはかつて日本最大の都市だったという、輝かしい時代があったからだ。

明治維新以降、東京の後塵を拝してきた大阪市が、日本最大の都市の座についたのは大正末期のことだった。昭和３（１９２８）年10月の人口調査によると、大阪市の人口はおよそ２３３万人。東京市の２２１万人をかわし、堂々人口首位の座につくとともに、※①世界６番目の都市に躍り出たのである。

昭和初期の道頓堀と戎橋。モダンとレトロが混在した街並みである

なぜ、大阪市が大正末期になって人口1位になったのか。そのカラクリは、大正14年に行われた行政区域の再編にある。

この再編によって、隣接する東成郡と西成郡が大阪市に編入されることになった。大阪市にはあらたに44の町村が加わり、人口が急増。その結果、手にした1位の座だったのである。

しかし、大阪市の栄光は、単なる人口の多さだけではなかった。

戦前の日本では、大阪は商工業の中心地だった。その繁栄振りは、「東洋のランカシャー」[※②]とまで評されたほどだったのである。

●東洋のランカシャー

「汽車で大阪駅に近づくと、晴れた日でも、空がどんより曇ったやうに見えます」

昭和十年代に使われていた国定教科書「小学国語読本」には、大阪に関してこんな記述がある。現在の大阪というと商業、芸人、食いだおれなどがイメージされるが、戦前の大阪のイメージは立ち並ぶ煙突、曇った空など、工業地帯としてのそれだったのである。

大正時代、大阪市の人口密度は2万人を超えていた。

現在の東京23区の人口密度が1万3500人程度なので、その過密ぶりは想像を絶するものがある。土地不足から、狭い住宅が密集していたうえ、上下水道の整備が追いついておらず、公衆衛生上も極めて劣悪な状況だった。また路面が悪いため、渋滞が頻発。鉄道も不十分だったので朝夕は地獄のラッシュに見舞われた。

大規模な再開発の必要を感じた大阪市は、大正14年に前述の合併を行った。その結果、大阪市は人口も面積も約3倍になった。人々は、この新しい大阪市のことを「大大阪」と呼ぶようになった。

●先端都市「大大阪」の終焉

戦前の大阪は、文化の発信地でもあった。

三大新聞（朝日、読売、毎日）のうち、2紙（朝日、毎日）は大阪が発祥。その他、カフェの女給、メーター制のタクシーなども大阪生まれで、全国に普及したものは枚挙にいとまが

戦前も抜群の人気を誇った宝塚歌劇団。春のレビューの様子

ない。

現在、全国の私鉄沿線には、当たり前のように郊外住宅があるが、これを最初に作ったのも大阪である。

明治40年に設立された箕面(みのお)有馬電気軌道（現阪急電鉄）は、大胆な新ビジネスを次々と成功させ、その後の私鉄経営のモデルケースとなる。

同社は開業する前に、沿線の土地82万平方メートルを買収し、豊能郡池田室町（現・大阪府池田市）、箕面村（現・大阪府箕面市）などを大規模な住宅地として開発し分譲を行った。

開業から5年後の明治45（1912）年には、終点の宝塚駅に、大浴場を備えた温泉施設を作り、宝塚新温泉パラダイスと名付けた。ここには大劇場も備えられ、※③宝塚少女唱歌隊が公演を行い大ブームを巻き起こした。大正9（1920）年に

梅田で開業した阪急百貨店（昭和 11 年の新聞広告より）

は、梅田駅に日本初のターミナルデパート・阪急百貨店を開業させ、昭和4年には風光明媚な芦屋[※④]に高級住宅地を建設してもいる。

箕面有馬電気軌道の行ったこれらの新事業は、東京地下鉄道や東急、西武といった在京の鉄道会社もこぞって模倣した。渋沢栄一らが開発した田園調布などの東京郊外都市も、基本的な部分は箕面有馬電気軌道の手法を継承したものである。

昭和7年になって、同じく再編成を経た東京市に人口1位の座は奪還されるものの、大大阪は日本の文化や産業をリードし続けた。

だが、太平洋戦争が勃発すると、その栄光の歴史にも陰りが見え始める。

戦時中、軍事産業が東京に一極集中したことにより、人や物資は首都圏に集まるようになった。その結果、大阪は勢いを失い、そのままの流れで戦後を迎えた。その後も東京主導で高度経済成長を迎えたため、大阪は相対的に地盤沈下していくことになったのである。

【注釈】

※①**世界6番目の都市**……ニューヨーク、ロンドン、ベルリン、シカゴ、パリに次いで6番目だった。

※②**東洋のランカシャー**……昭和のはじめ、日本はイギリスを抜いて世界一の紡績工業国となったが、その中心地が大阪だった。そのため、イギリス最大の紡績都市ランカシャーになぞらえ、東洋のランカシャーと呼ばれた。

※③**宝塚少女唱歌隊**……現在の宝塚歌劇団。団員を養成する宝塚音楽学校は予科・本科を合わせて2年制。入学試験は難関で知られ、近年は20倍程度で推移している。

※④**芦屋に高級住宅地を建設**……昭和4（1929）年、国有林の払い下げを受け、香港の白人専用住宅地をモデルにした高級住宅地「六麓荘」の開発がはじまった。阪神を見下ろす風光明媚な場所ながら、阪急電車の駅から2キロ以内にあり、乗合バス（路線バス）が20分おきに発着した。これが高級住宅地「芦屋」のはじまりである。

【国民が国産映画に熱狂！】

戦前は日本映画の黄金時代

●映画大国、戦前の日本

戦前、娯楽の王様といえば映画だった。

昭和4（1929）年、国内で製作された日本映画の数は、818作品。近年は、年に平均して600本前後の邦画が公開されているので、その約1.5倍にあたる映画が作られていたことになる。撮影所で働く者も多く、その数はおよそ4000人もいた。

また、人々もよく映画を見た。同じ年のデータでは観客動員数は、延べ1億6000万人。これは警察に届け出があった数字なので、実際はその倍はいたともいわれている。当時の日本の全人口（総務省に統計では、昭和4年の人口は約6346万人）が劇場に行ったとしても、1人当たり4、5回は足を運んだ計算になる。ちなみに、映画館離れが進んだとされる現代では1人当たりの年間劇場鑑賞数は2本以下である。

大勢の客でごった返す、昭和初期の東京・浅草のキネマ街

日本に初めて映画が入ってきたのは、明治29（1896）年のことだった。当初、映画といえば輸入品の外国産ばかりだったが、大正時代に入ると邦画も盛んに撮られるようになった。[※1] 昭和4年頃には、日本における輸入映画と国産映画の力関係は逆転し、劇場で公開される作品のうち、8割近くが邦画になった。

当時、世界を見渡しても、これほど国産映画のシェアが大きな国は非常に稀だった。

映画は、草創期からずっとアメリカの一人勝ちが続いていた。世界で上映される作品の大半はアメリカ製で、昭和初期のイギリスやフランスでも上映作品のうち7割が、最も映像技術が発達していたとされるドイツでも6割が、アメリカ映画だったのである。

では、なぜ日本では国産映画が強かったのか。

理由としてすぐに思い当たるのが、「言葉の壁」であるが、どうやらそうではないようだ。なぜならば無声映画[※②]の時代の方が、さらに国産映画のシェアが大きかったからだ。年代によっては、9割を国産映画が占めていたこともあったほどだ。

とすると、他に考えられるものは「文化の壁」である。

アメリカ映画は、当然ながらアメリカの文化や風俗を下敷きに作られている。外国文化に疎い当時の人々にすれば、外国映画はかなり難解なものに映ったはずだ。その点、国産映画ならば作り手も日本人なので感覚がよくわかっている。違和感なく物語に没頭できたことだろう。

昨今、日本映画が好調だといわれているが、それでも2014年度の劇場公開作品のうち、邦画の占める割合は半分程度だった。優れた作品が多く、邦画の全盛期だった昭和30年代でも戦前ほどのシェアは獲得できなかった。戦前の日本映画は大健闘していたのである。

●戦前の大スターたち

活況だった当時の日本映画界には、スターも次々と誕生している。

日本映画史上、記念すべき最初のスターは、尾上松之助である。

尾上松之助は、明治8（1875）年に岡山県に生まれた。幼少から芝居に親しみ、6歳で初舞台を踏む。その後、18歳で一座を率いて中国地方や四国地方を回った。岡山を巡業していたとき、そこでの芝居が映画監督、牧野省三[※3]の目にとまり、映画に抜擢される。

初出演作は、明治42（1909）年の『碁盤忠信』。目を大きく見開き、相手をにらみつける仕草が評判を呼び「目玉の松ちゃん」と呼ばれ、たちまち人気者になる。時代劇映画を中心に、1000本以上の作品に出演した。

大正末期から昭和初期には、チャンバラ映画の大ブームが到来する。

大正12（1923）年には、阪東妻三郎が登場。『雄呂血』で見せた壮絶な殺陣が大ウケし、「乱闘劇のバンツマ」「剣戟王」などと評され、絶大な人気を得た。昭和2（1927）年には、嵐寛壽郎（かんじゅうろう）が『鞍馬天狗異聞・角兵衛獅子』でデビュー。華麗な殺陣で「鞍馬天狗ブーム」を巻き起こす。大河内傳次郎（おおこうちでんじろう）主演の『丹下左膳シリーズ』も人気を博した。

若き日の尾上松之助

また、戦前は後の日本映画を支えた名監督を生んだ時代でもあった。日本映画の巨匠小津安二郎[※4]、特撮映画の円谷英二[※5]なども、すでに戦前の頃に初監督作品を撮っている。

戦前の日本は、まさに映画黄金期だったといえるのである。

【注釈】

※①**初の邦画作品**……国産映画の第一号は、明治30年の浅野四郎による短編映画『化け地蔵』『死人の蘇生』とされている。

※②**無声映画**……初期の映画は音の出ない「サイレント」である。最初は映像だけだったが、次第に楽団を置いてＢＧＭを流したり、字幕を入れたりするようになり、日本では映画の内容を説明する「活弁士」が登場した。

※③**牧野省三**（１８７８～１９２９）……日本初の職業映画監督であり、「日本映画の巨人」とも称される。尾上松之助や阪東妻三郎、嵐寛壽郎といったスターと数多くの映画を作り、後進の育成にも努め、日本の映画史に多大な功績を残した。

※④**小津安二郎**（１９０３～１９６３）……『東京物語』などで知られ、欧米でも評価が高い映画監督。大正12（１９２３）年に松竹に入社し、４年後には初監督作品『懺悔の刃』を発表。『大学は出たけれど』など戦前、すでにヒット作を出していた。

※⑤**円谷英二**（１９０１～１９７０）……『ゴジラ』や『ウルトラマン』などで世界的にも知られる特撮映画監督。１９４２年製作の『ハワイ・マレー沖海戦』などすでに戦前からその特撮技術を駆使した作品を送り出している。

【第三章】古くて新しい戦前の暮らし

戦前の逸話 其の17

過酷で激しい受験戦争

【若干12歳で競争社会の真っ只中に】

●当時の小学生はツラかった

ある年の主婦向けの雑誌『婦人之友』[※①]には、次のような記事が載った。

「先生、利夫のクラスでは家庭教師をお願いしている友達もたくさんいますし、中には参考書をあれこれ買って、実によく勉強しているお友達もあるようでございます」

「教科書を頭の奥にしみこむまでよく勉強させておけばよいので、参考書をむやみにあさる必要はありません」

受験生の子を持つ読者が教育の悩みを専門家に相談する、という現代でもお馴染みの記事である。しかし、この記事は最近のものではない。

この記事が載ったのは、昭和8（1933）年1月号。しかも、これは高校受験や大学受験の話ではなく、中学受験についての相談なのである。

戦前は、国を挙げて学問を奨励していた。明治初期、政府は学制[※②]を敷き、早くも教育制度の整備に着手した。

小学校は16の等級に分かれ、半年に1回行われる試験に合格しないと進級できないシステムになっていた。教室内の席順は成績順になっており、試験の成績に応じて変更された。成績の順位などのことを「席次」ということがあるが、それはこの頃のなごりなのである。

このシステムは、16段階の級を用意するのが財政的に負担となり、また中退者も相次いだため、明治15年前後に廃止され、学年制となった。だが、依然として子供の競争心を煽る傾向は続き、小学校の頃から学年で一番をとると、自治体から表彰されたりした。〝勉強ができる〟ということは、今よりもずっと価値があった時代なのだ。

その結果、よりいい学校に入ろうとして、受験は厳しくなる。

現代でも、東京などの大都市では、子供を有名私立中学に入学させるために、塾に通わせることがある。だが、それはあくまで少数であり、公立の中学校であれば無試験で進学するのが一般的だろう。

しかし、戦前の中学校は試験があるのが当たり前だった。

なにしろ、戦前の義務教育は小学校までである。それ以上の学校に進学するためには、試験を突破しなければならなかった。当時の中学校は5年制で、現在の中学校と高校を併せたような存在だった。中学校に進めたのは、小学校卒業者の3、4割だったという。

もちろん、どこの中学校でもいいというわけではなかった。

高校や大学に進もうとすれば、やはり優秀な中学校が有利である。地方の学校よりも都会にある学校の方が学力が高かったので、必然的に都会の中学校に受験生が集まる。高等学校にエスカレーター式に進むことができた「高等学校尋常科」などは、特に人気が高かった。

そうした学校に入るために、中学受験はいやおうなしに過熱した。冒頭の質問にあったように、家庭教師をつけることも珍しくなく、書店には学習参考書があふれていた。

井上靖の自伝的小説『しろばんば』[※③]には、小学6年生になった主人公が、家庭教師をつけられ、勉強させられている様子が出てくる。家庭教師は主人公に「何時間寝ているか？」と質問をする。主人公が「8時間」と答えると家庭教師は厳しく「これからは6時間にしろ」と注文をつけ、寝ている時間以外はすべて勉強に充てろと言うのである。

これとよく似たことが現代の私立中受験生にもあるそうだが、主人公の少年が志望しているのはあくまで普通の公立中学校。当時の受験戦争というのは、それほど厳しかったのである。

①

②

①『東京遊学案内』（明治 43 年）
②『優等学生勉強法』（明治 44 年）
③『受験と学生』（大正 11 年）
④『受験旬報』（昭和 7 年）
⑤『蛍雪時代』（昭和 16 年）
⑥『英語基本単語熟語集』（昭和 17 年）

③

④

⑤

⑥

戦前・戦中の学習参考書。『蛍雪時代』など現代でもお馴染みのものも出版されていた

●当時の中学入試の試験科目

それでは当時の小学生たちは中学入試でどのような試験を受けていたのか。

地域によって違いはあるが、国語（漢字の読み書き）と算数、そして口述試験（面接）と体格検査などがあった。試験は3日間にわけて行われることが多く、初日は国語、2日目は算数、3日目に口述試験と体格検査といった具合で進められた。そのため、遠方の中学校を受験する際は、家族とともに泊りがけで行くこともあった。今の大学受験と似たような雰囲気である。

そうした努力が実を結べば言うことがないのだが、なかには受験に失敗する者もいる。諦めきれない者は、※④中学浪人の道を歩むことになった。

中学校から浪人すると聞くと驚くかもしれないが、当時はそれほど珍しいことではなかった。大正8年の中学校への進学状況を見ると、中学校合格者は現役生よりも浪人生の方が多く、大正15年になっても合格者の27％が浪人生だった。

こうした状況を改善するために、文部省は昭和2（1927）年に中学受験における筆記試験を廃止し、小学校からの報告書（現在の内申書のようなもの）と口述試験による人物考査、体格検査に絞ることにした。しかし、それも透明性に欠けるとの非難が起こり、昭和4年には筆記試験が再び復活している。

小学校を卒業したばかりの子供たちにとって、その後の人生を決めかねない中学受験は酷なものである。なかにはそのプレッシャーに耐えかね、ノイローゼになってしまう子供もいた。『戦前の少年犯罪』（管賀江留郎著・築地書館）によると、昭和9年には受験勉強で神経衰弱になった中学生が、夜中に通り魔を繰り返すという事件が起こったという。

この中学生は裕福な家庭の次男で、小学校ではトップクラスの成績だった。しかし、中学入試のために深夜まで猛勉強を続けた結果、神経衰弱にかかってしまい、探偵実話小説などの影響もあって通り魔を繰り返すようになったらしい。

彼が初めて女性を刃物で切りつけたのは小学校6年の2月で、それ以降は女性を襲わないと寝られなくなったという。彼は逮捕されるまでに27人もの女性を切り付け、うち5人に重傷を負わせている。

昭和初期の東京府立一中（現・都立日比谷高校）の授業風景。府立一中は当時屈指のエリート校。入学できれば帝大への道が大きく拓けたため、秀才が集まった

●終わらない受験戦争

どうにか中学校に滑り込んでも、その先の高校受験が難関だった。

なにしろ、戦前の日本の高校は、※⑤全国に35校しかなかったのだ。高校に入学できたのは、全体の1割程度なのである。

しかし、厳しいのも高校入試までである。実は、高校の定員と帝国大学の定員はほぼ同じだった。つまり、高校に受かりさえすれば、まずどこかの帝大に入ることができたのだ。

また、帝大の中には、高校卒業者を無試験で入学させる学部もあった。高校に受かりさえすれば、エリートへの道が約束されたも同然だったのだ。

まさに受かれば天国、落ちれば地獄。

高校入試は当時の学生にとって、人生をかけた最大最後の関門だった。

いまでは大学浪人と聞いても珍しくないが、当時は高校浪人が掃いて捨てるほどいた。しかも二浪、三浪も珍しくなかったという。[※6]

●おばあさんも着ていたセーラー服

戦前の教育制度では、女性は高等教育をほとんど受けられなかったような印象がある。

たしかに大学は女性に門戸を閉ざしていた。が、大学以外に目をやれば男性に匹敵するほどの教育機関が設けられていた。

それは、高等女学校という学校である。

高等女学校は明治24年、小学校を卒業した女生徒に中等教育を施すために設置された。位置づけとしては、男子生徒における中学校のようなものだった。

最初の年は、全国に37校しかなかったが、順次数を増やしていき、明治40年には133校、昭和10年には790校、その10年後には1200校を超えた。施設の増加に伴い、学生の数も増え、開設当時は1000人にも満たなかったのが、昭和に入ると40万人を超えて、[※7]男子中学生より多くなった。終戦時には、100万人近くになっていたともいわれている。

とはいえ、高等女学校に進学できた女子の割合は、終戦時でも5、6人に1人であり、誰もが行けるというものではなかった。だが、それでも100万人というのはかなりの数字である。

高等女学校に通う期間は4～5年だった。地域によっては3年で終わるところもあったが、この場合は高等小学校卒業者[※⑧]が対象だったので、実質は4～5年だった。

昭和初期、スケートに興じる女学生たち

学習の内容は、現在の家庭科のようなものが主で、女性の社会進出が制限されていたため、よき家庭婦人になるための教育が施されていた。
この高等女学校にはトレードマークがあった。現代でもお馴染みの、セーラー服である。
セーラー服が登場したのは、大正8（1919）年頃。高等女学校の教師や父母の間で「男子の中学校に制服があるのに、高等女学校に制服がないのはおかしい」という声が挙がったのがきっかけだった。
当時の男子中学生には、小倉の学生服[※⑨]という定番があった。しかし、女学生には制服がなく、何を着ていけばいいのか、当人や父母の間で悩みの種になっていた。そこで、水兵の軍服に襟をつけたブラウスと三角のスカーフ、ひだつきのスカートのデザイン制服が作られたのである。

セーラー服は、まず大都市の学校で採用され、その後、地方に浸透していった。

この制服は、洗練されたおしゃれな印象がありながら、それでいて清潔感もある。誰が着てもそれなりに似合うという利点もあり、理想的な制服だったのである。

昭和初期には、女学生といえばセーラー服というほど、普及していた。

現在でもセーラー服を制服にしている中学校や高校がある。実に90年に及ぶ、ロングセラー商品なのである。少女を象徴するセーラー服は、4世代前、ひいおばあさんの代から着続けられているものなのだ。


【注釈】

※①**婦人之友**……明治36（1903）年創刊の婦人雑誌。現在も読み継がれる100年以上の歴史を持つ長寿雑誌である。

※②**学制**……明治5（1872）年に公布された教育法令。学区制が特徴で、全国を8つの大学区に分けて8つの大学を置き、その大学区の中にそれぞれ32の中学校を置いた（全部で256校）。

※③**『しろばんば』**……両親と離れ、血のつながらない祖母と暮らした少年時代の記憶を書いた作品。

地方都市の子供の生活を詳細に描写している。

※④**中学浪人**……下村湖人の自伝的小説『次郎物語』の主人公は、名家の次男で、当然のように中学に行くことになっていた。しかし、試験の当日、プレッシャーから下痢をして失敗。恥をしのびつつ、1年間の中学浪人を余儀なくされる。

※⑤**戦前の日本の高校**……現在の高等学校は、当時の中学校に相当。当時の高等学校は、帝大進学の準備教育を施すところだったため、高校生は超エリートだった。ちなみに昭和7年の一高入試の倍率は、文科（文系）が6・1倍、理科（理系）が7・6倍だった。

※⑥**二浪、三浪も珍しくない**……井上靖の自伝的小説『北の海』には、高校の柔道部員に誘われて参加した合宿に、高校生よりも年長の浪人生（五浪）が登場する。

※⑦**男女の進学率**……男子の場合は、中学校に行かずに軍関係の学校や青年学校、専門学校などに進むという選択肢もあったため、女子の方が進学率が高かったというわけではない。しかし、小学校以降の進学率が男女で同程度になっていたのはたしかである。

※⑧**高等小学校**……2年制。小学校の延長という位置づけで、卒業しても高等学校への入学資格が得られるわけではない。中学校の試験に落ちた者が、翌年の中学受験まで通うこともあった。

※⑨**小倉の学生服**……今の学ランとほぼ同じ、黒の詰襟の学生服。福岡県小倉の特産品「小倉織」だったことからそう呼ばれるようになった。

戦前の逸話　其の18

なぜ戦前の父親は強かったか？

【戸主が頂点…戦前の家族制度の実態】

●カミナリオヤジのいた時代

誰が言ったか知らないが、「地震、カミナリ、火事、オヤジ」なる言葉がある。上から順に〝おこる〟と怖いものを並べていったものだが、現代の若い読者はこの言葉を聞いてどう思うだろうか。

というのも、戦後になって父親の威厳がなくなったといわれることが多いからである。たしかに、世のお父さん方を眺めてみると、総じておとなしめであり、いかにもカミナリオヤジ然とした人が減っているように思われる。

父親が弱くなった理由は、「家族が父親を尊敬しなくなった」ためだとか、「父親が威厳を持って振る舞わなくなった」など、様々に分析されている。

しかし、戦後になって父親が弱くなったのは、そうした父親の資質というよりはむしろ、制度上の問題ではないか、と筆者は考える。なぜなら戦前の日本の家族制度は、父親にいやおうなしに威厳を与える特殊なものだったからである。

●父親は家族の統率者

日本において、家族制度が法的に整備されるようになったのは、明治時代のことである。明治4（1871）年に、まず戸籍法[※①]が制定された。

家族はこの法律によって、ひとつの「戸」としてみなされるようになり、父親には「戸主」という一家を代表する役割が与えられることになったのである。

つづいて、明治31（1898）年には、旧民法の家族法が施行された。家族法は、婚姻や養子縁組、相続といった事柄について定めた法律で、重要な場面では必ず戸主の決定が必要とされた。この法律によって、戸主は名実ともに一家の統率者となったのである。

それでは、戸主である当時の父親たちはどのような力を持っていたのか。

たとえば、父親は家族の結婚に同意を与える権限があった。

現代では、結婚といえば好き合った当人同士が決めることだが、戦前は違った。父親は、娘や息子の結婚相手が気に入らなければ、結婚話を破談にすることができたのである。

また父親は、家族の居住地を指定することもできた。

自分の好む場所に引っ越すのは、現代では当たり前のことだが、戦前はそれができなかった。引越しにも父親の許可が必要だったのである。

さらに父親は、いうことを聞かない者には「勘当」[※②]という怒りの鉄槌を下すこともできた。勘当とは、勝手に結婚したり、引越しをするなどした者を戸籍から外す行為のことで、勘当された者はその後、他人同然に扱われてしまう。この制裁は、自活する手段のない者にとっては、非常に大きなプレッシャーになったはずだ。

これらの権限によって家族における父親の威厳は、いやおうなしに高まった。逆らうと怖い、いや、それ以前に逆らうことができない、それが戦前の父親像だったのである。

それでは戦前の父親がどれほど偉かったのか。

ある戦後生まれの知人から、次のような話を聞いたことがある。

その知人の実家は、戦後になって没落した旧家だったそうで、一家には齢80歳を超えた祖父が、依然、カミナリ親父として君臨していたという。

その祖父はとにかく厳しい人物だったそうで、非常に口うるさく些細なミスも見逃さない。誰か意見するような者があれば、烈火のごとく怒り狂った。家族はまるで腫れ物にでも触るかのように、祖父を丁重に扱ったという。

それが顕著に表れたのが食事の光景だった。現代であれば、家族で食卓を囲むと同じ物を食べるのが当たり前である。だが、祖父の存命中は、まるで違った。

まず、食事は祖父が箸をつけるまで家族の者は食べられない。また、土地があった頃の名残か、祖父は贅沢な物を好み、家族がイワシをつついているようなときでも、ひとりだけ立派なタイを平らげる。実に封建的で重苦しい空気だったと、知人は語ってくれた。

もちろん、この話はあくまで極端な例であり、ほとんどの家庭ではこうしたあからさまな差別はなかったはずである。だが、そうしたことが許されるほど、戦前の家族は戸主を頂点に、小さな縦社会を形成していたということだろう。

戦前の家族。父の権威がにじみ出ている

●戸主の義務

もちろん戸主は、ただ威張りちらしていたわけではない。強い権限を持つ代わりに、※③家族を養う義務があったのである。

戸主の責任は大きく、家族の教育を受けさせる義務や、家族の徴兵に応じる義務も課されていた。子供が小学校に通わなかったり、徴兵検査を逃れたりすれば、責任を問われるのは戸主だったのだ。

こうした戸主の地位と一家の財産は、原則として長男が引き継ぐ決まりだった。

そのため、父親が早く亡くなったりすると、長男が戸主となり、母親や兄弟の面倒をみなければならなかった。戦前は、兄が弟や妹の学費を負担したり、兄夫婦と独身の弟や妹が同居していたなどというケースがあったが、それはごくごく当たり前のことだったのである。

また長男がいない場合は、長女など年長の者が戸主となった。

たとえば、作家の樋口一葉[※④]は、父親に先立たれて17歳の若さで戸主になった。

一葉の家には、もともと2人の兄がいたが、長兄は早逝し、次兄は勘当されていたため、一葉が戸主にならざるを得なかったのである。

現代ならば高校に通っているような年齢で一家の大黒柱になった一葉は、ものを書いたり、雑貨屋を開いたりして懸命に家計を支えようとした。だが、積年の借金[※⑤]もあり、暮らしは困窮を極めた。小説『たけくらべ』で名声を得たものの、一家の状況は変わらず、一葉は肺結核にかかり、24歳で亡くなっている。

●戦前の家族制度の意義

戦前の家族制度では、「家の存続」が第一に考えられた。

そのため、家督を継ぐ男子のいない家では、養子縁組をしたり婿養子をとったりすることが頻繁に行われていた。吉田茂や山本五十六など、養子の出の著名人も多い。

また、家督相続者以外の者に、同じ名字で新しい家を持たせる「分家」という制度も設けられていた。現代でも、長男の家系を本家、それ以外を分家などと称する場合があるが、戦前では法的に認められた制度だったのである。

これらの家族制度は、江戸時代の武家の家族制度を踏襲したものだった。

そのため、制定当初から「時代遅れ」だとして反対する意見もあった。

旧民法の起草に携わった法学者、梅謙次郎[※⑥]自身も「家族制度は封建の慣習であって到底、今日の社会に伴わないので、二、三十年後には廃止すべき」と主張していたほどである。だが、一部の学者以外は、反対を唱えなかったため、旧民法は施行された。

もともと父系社会だったせいか、明治の終わりに作られた封建的な家族制度は、日本の社会によく根付いた。

政治や社会の制度は、国民の批判を受けるたびに、少しずつ改変を重ねてきた。しかし、日本が変わり行くなかでも、この家族制度は長く放置されたままだった。封建的な家族制度が見直され、廃止されるようになったのは、戦後になってからのことである。

【注釈】

※①**戸籍法以前の日本**……江戸時代、「戸籍」に該当するものは「宗門人別改帳」程度しかなかった。「宗門人別改帳」は、キリスト教禁止令の徹底のために、すべての人をどこかの宗派の檀家として登録したもの。毎年、村役人が確認していた。

※②**恐怖の勘当**……太宰治、二葉亭四迷、遠藤周作など文学者のなかには勘当された者が多い。

※③**家族を養う義務があった**……旧民法第７４７条「戸主ハ其家族ニ対シテ扶養ノ義務ヲ負フ」

※④**樋口一葉**（１８７２～１８９６）……女流作家、歌人。『たけくらべ』『にごりえ』など、遊郭や裏街の人々を描いた作品を発表。森鴎外などから絶賛されるが、24歳の若さで結核によって死去した。

※⑤**樋口家の借金**……父親は生前、事業で失敗。その借金が一葉の肩に重くのしかかっていた。

※⑥**梅謙次郎**（１８６０～１９１０）……明治を代表する法学者。フランスに留学し、近代的な法制度を学ぶ。帝大法学部学部長、内閣法制局長官などを歴任し、近代日本の法整備に尽力。民法の起草にも携わった。

【離婚に事実婚…お嫁さんは大変だった】

戦前の結婚生活の実態

●戦前は早婚だったというのは間違い

戦前は早婚だったと思われている。だが意外とそうではなかった。

「昔は、13歳、14歳で嫁に行くのも珍しくなかった」

というような話は、明治も初期の頃までのことであり、明治31年に施行された民法では、15歳未満の女子の結婚を禁じている（男性が結婚できたのは17歳以上から）。

「戦前の女性は、十代で結婚するのが普通だった」

というのも誤解である。

明治初期はたしかに婚期は早かったが、その後になって晩婚化が進み、昭和15（1940）年頃には、男性28歳、女性24歳が初婚の平均年齢だった。現在と比べてもとりわけ早かったというわけではないのである。

明確な統計はないものの、結婚の方法はほとんどが見合い結婚だったと思われる。恋愛結婚もあるにはあったが、先に述べたように、戦前は婚姻に戸主の同意が必要だったので、勝手な結婚は事実上許されていなかった。農家の場合は、見合いの機会さえなく、親同士の話し合いで決まってしまうこともあったという。

しかし、戦前の若い女性がみな、親のいいなりになって結婚していたか、というとどうやらそうでもないらしい。たとえば、戦前の女性雑誌『婦人之友』の昭和8（1933）年1月号には「婦人の結婚難を解消する方法」[※①]と題して、次のような記事が掲載されていた。

結婚難は、年と共に深刻化して行くようですが、これは日本ばかりでなく、世界共通の悩みだと言われています。

これにはいろいろの原因もありましょうが、配偶者選択の範囲が著しく広くなって来たことも一つの原因であります。

昔は、同じ村の人とか、親類知人の範囲内で配偶者を選んだのですが、今日では交通や通信の便が開け、新聞雑誌で世間を見る眼も開けて来ましたので、そんな狭い範囲の選択だけでは満足できなくなりました。つまり、言えば理想が高くなったのです。

～中略～

昭和初期の結婚式の様子。参列者の中には、洋装のモダンガールの姿もある

この頃のお嬢様方に、結婚の理想を訊ねてみますと、何よりもまず生活の安定が第一の条件になっています。

たとえば、月収百円以下では困るとか、多少の財産がなくてはいけないとか、贅沢をしたいとは思わないが、たまには芝居を観たり温泉に行ったりするくらいの余裕が欲しいとか、そんなことがかなり重要な条件に挙げられております。[※②]

『婦人之友』は、戦前に100万部近くの発行部数を誇った、人気婦人雑誌である。特別裕福な層ばかりが読んでいたわけではないので、この記事は、ごく一般的な女性読者を対象にしたものだったのだろう。

「結婚＝生活の安定」とはなんだか寂しい気もす

るが、この記事からは現代にも通じる女性の本音が読み取れる。

当時の女性には、相手を選ぶ権利がまったくないわけではなかった。見合いという形ではあったものの、相手のことをしっかり吟味していたのである。そして、結婚相手の条件が年々厳しくなっていったというのが、晩婚化したひとつの要因だったのだ。

●意外に多かった離婚

意外にも戦前の日本では、離婚がけっこう多かった。

統計などを見ると、明治の中ほどまでは異常なほど離婚率[※③]が高いのである。

明治16（1883）年の離婚率は、3・39だった。離婚が急増したといわれた平成14（2002）年でも2・30なので、その数値の高さがわかるだろう。

離婚率はその後も高い数値で推移し、明治30年になっても2・87もあった。しかし、それ以降は急激に改善されるようになり、昭和10年には0・70と低い数値を記録している。

なぜ、急激に離婚率が改善されたのか？　その理由は、明治31年に施行された民法だった。

明治時代に限らず、それまでの歴史でも日本は離婚の多い国だったとされている。

そもそも日本では、結婚を「男女が一緒に暮らす」というよりも、「その家が嫁、もしくは婿をもらう」と認識していたきらいがある。そのため、家に入る嫁や婿は、法的に守られることが少なく、離婚に関する煩雑な手続きも不要だったので、嫁や婿が気に入らなければ簡単に追い出すことができたのである。なかでも、姑が嫁を追い出すというケースが非常に多く、場合によっては嫁を何度も取り替えるなどということまであった。こうした風習は、新政府が誕生しても続いたため、明治時代の前半は離婚が非常に多かったのだ。

しかし、明治31年に施行された旧民法では、「25歳未満の者が離婚するときは、〝結婚を承認した者〟の許可が必要」と改められることになった。

〝結婚を承認した者〟とは、ほとんどの場合が親である。つまり、原則として双方の親が同意しなければ、離婚はできないということになったのだ。

だが、これで「嫁を追い出す」ことがなくなったのかというと、そうでもなかった。

制度には、どこかに抜け穴があるものである。

簡単に追い出せるよう、婚姻の届出に時間差を設けるようになったのだ。

当時は、嫁や婿をもらっても一定期間は籍を入れないでおく、ということが広く行われていた。その間は、いくら寝食をともにしていたとしても、入籍をしてないのだから法的には結婚をしていないのと同じである。気に入らないなら、いつでも追い出すことが可能だったのだ。

この方法は、「試し婚」や「足入れ婚」などと呼ばれ、戦前を通じて行われていた風習だった。

大正9（1920）年の調査によると、夫婦全体の17％がまだ婚姻届を提出していない「足入れ婚」状態だったという。

これらのことから、戦前の実質的な離婚率はかなり高かったことが推測できる。

現代の会社でも、本採用前の社員を試用期間と称して働かせることがあるが、花嫁の試用期間とはぞっとしない話である。もちろんこうした悪習は、戦後になってほぼ根絶されている。これから婚期を迎えるという方は、どうか安心してご結婚いただきたい。

【注釈】

※①**婦人の結婚難を解消する方法**……記事の内容は、著名な医師や教育者による女性読者への提言が主で「女学校を出たら職業婦人になれ」「結婚条件の基準を下げよ」「格式ある家の女中になって花嫁修業せよ」といったアドバイスが語られている。

※②**月収100円**……現在の価値にすると35万円ほどか。

※③**離婚率**……人口1000人あたりの離婚件数。ちなみに離婚大国であるロシアの離婚率は、「4・5」（2012年）。

※④**一定期間は籍を入れない**……現代でいうところの事実婚と一緒である。

【戦前のお婿さんにしたい職業第1位】

サラリーマンはエリートだった!?

●戦前もいたサラリーマン

近頃、サラリーマンといえば、あまり良いイメージの言葉ではなくなった感がある。よりスマートで、いかにも仕事ができそうな「ビジネスマン」という言葉が台頭したせいもあるが、サラリーマンと聞くとなんだか泥臭く、力任せの印象がある。今日、胸を張って、自分はサラリーマンだ、といえる人は少ないのではないだろうか。

だが、戦前の日本では違った。

サラリーマンという言葉には、選ばれた者だけが持つ、特別な輝きがあったのである。

我が国に会社員が登場したのは、近代になってのことだった。

明治以降、国策によって多くの銀行や企業が作られるようになった。それと同時に、そこで働く会社員が生まれたのだ。

戦前の会社員というと、昔ながらの丁稚や番頭といったものをイメージしがちだが、実際は違う。当時の最先端をいく知識や技能を持つ、大学や専門学校の卒業生が会社員になった。※①彼らは当初、俸給生活者などと称された。それが、大正になるとサラリーマンという和製英語で呼ばれるようになった。サラリーマンの歴史は、意外と古いのである。

しかし、戦前のサラリーマンと現代のサラリーマンでは、意味合いが少し違う。

戦前のサラリーマンは、あくまで事務職を指し、現場で働くブルーカラーはサラリーマンではなかった。現代ではその定義はあいまいだが、かつては明確に区別されていたのである。

そのため、当時はサラリーマンになれるのは、ほんの一握りの者だけだった。

昭和5（1930）年の国勢調査における職業別人口によれば、サラリーマン層の「事務・技術・管理関係職種」は、およそ215万人だったが、全体に占める割合はわずか7％だった。サラリーマンはエリートの代名詞だったのである。

そのため、当時のサラリーマンは女性にモテた。昭和2（1927）年にある結婚紹介所が行った調査によると、※②未婚女性に聞いた結婚相手の理想の職業は、1位が会社員・銀行員、2位が公務員、以降が医師、実業家の順となっていた。

サラリーマンに人気が集まった理由は、なんといっても給料の良さと、安定性であった。

昭和4年頃、日本石油や日本郵船といった大企業では、課長クラスで年収1万円くらいだっ

昭和初期のサラリーマン。エリートの代名詞だった

た。当時の一世帯あたりの平均年収は800円足らずだったので、平均の10倍以上の収入があったのである。現在の貨幣価値に換算すれば、[※3]年収5000万円ほどになるだろうか。

三井や三菱といった大財閥直系の企業になると、さらに高い報酬だった。三井の重役のなかには、ボーナスだけで40万円ももらっている者もいた。現代の価値にすれば、20億円。なるほど、これは結婚相手に選ばれるわけである。

●丸ノ内サラリーマンのランチタイム

現在でも、昼食といえば会社勤めの楽しみのひとつである。これは戦前も変わらなかったようで、当時も丸ノ内のサラリーマンたちは、美味いもの探しに余念がなかったようだ。

昭和8(1933)年に発行された『大東京う

昭和２年の丸ノ内ビル。地上９階、地下１階に様々なオフィスが入っていた

まいもの食べある記』という本によると、昭和8年当時、[※4]丸ノ内には1万人以上のサラリーマンがおり、同地はサラリーマン向けの飲食店が軒を連ねる食の激戦区だったという。

それでは、当時のサラリーマンはどんなものを食べていたのか。その内容を少し紹介しよう。

『大東京うまいもの食べある記』では、日本で最初の本格的なオフィスビル、丸ノ内ビルディングの中にあった飲食店を紹介している。たとえば、「吉野ずし」という寿司屋では、にぎりずしが25銭、まぐろずしが30銭、ちらしが30銭で食べられた。味も悪くないとある。

当時のサラリーマンの平均月収は100円前後だったので、25銭のにぎりずしは月収の0・25%である。現在のサラリーマンの平均月収が35万円強なので、その0・25%というと900円くらいになる。現在と似たような負担感だっただろう。

「布袋」という大衆食堂では、定食が25銭、カレーライスは20銭、玉子丼25銭、朝食10銭。日本料理店の「竹葉」は、高給サラリーマン向けで、鰻定食の並が1円50銭、上は2円、日本料理定食は並が1円で上2円だった。現代の価値に換算すると、鰻の並定食がおよそ5000円、上定食が7000円となる。ここには鍋料理もあり、かき50銭、鳥70銭となっている。

森永キャンデーストアでは、森永の菓子店の奥に、洋食を出すコーナーがあり、ランチ35銭〜50銭、パン付きのマカロニ[※5]が30銭程度で食べられた。現在の貨幣価値で、1200円から2000円くらい。人気があったらしく、昼時は席の奪い合いになるとのことである。

菓子店の明治屋では、喫茶部があり10銭でコーヒーが飲めた。現在の貨幣価値で350円。「本当のコーヒーファンには余り評判が芳しくないけれど、まあコーヒーでも飲もうかといった連中には割に苦くないのでかえって好かれます」とある。

当時の丸の内ビルには精養軒[※6]も入っており、「重役級の昼食をとるところ」とされている。昼の定食は1円40銭、夕食は2円。現在の貨幣価値にすれば、5000円から7000円。ある日の昼食の献立では、鮮魚のバター焼き、子牛のフライ、マカロニハムチーズ焼き、パン、バターに冷菓のデザートとフルーツまでついていた。

さすがは、エリート。なかなかいいものを食べていたのだ。

【注釈】

※①**専門学校**……当時の専門学校は、現在の私立大学にあたる。

※②**未婚女性に聞いた結婚相手の理想の職業**……この調査では結婚したくない職業も調べている。ちなみにワーストから音楽家、記者、美術家、地主、家主、芸術家。不安定な職種ほど嫌われる傾向にあったようだ。地主や家主は、当時、社会的に糾弾されることが多かったので敬遠されたのだろう。

※③**年収５０００万円ほど**……もちろん、中小企業のサラリーマンになると、その収入は世間並みだった。大企業や財閥直系の企業の会社員は特別で、ある意味、「サラリーマンのなかのサラリーマン」だったといえる。

※④**丸ノ内には１万人以上のサラリーマン**……大正12年の大震災後、東京では再開発がはじまり、丸ノ内のような近代的なオフィス街が生まれることになった。丸ノ内では震災前の大正11年から、震災後の大正13年の間にオフィスの数が２倍に増えている。

※⑤**マカロニ**……今でいうところの、パスタにあたる。

※⑥**精養軒**……明治５（１８７２）年創業の老舗西洋料理店。「上野精養軒」として知られている。

【いまと変わらぬ高嶺の花の住宅事情】

憧れのマイホーム

戦前の逸話 其の21

●戦前の住宅事情

戦前の都市生活者は、そのほとんどが借家住まいで、家を持っている人は全体の2割程度だった。民家の大半は平屋か2階建てで、アパートのような集合住宅もあったが、鉄骨の3階建て住宅などはまだ珍しかった。下町に目を向けると、昔ながらの棟割長屋※①も目についた。

しかし、大正時代に入るとサラリーマンを中心に、少しずつ家を買おうとする動きが出てくる。当時の雑誌でも「借家が得か、マイホームが得か」といった、お馴染みの特集がよく組まれた。戦前の都市生活者にとっても、マイホームが大きな憧れになってきたのだ。

それでは、昭和初期にマイホームを建てる場合、一体いくらかかったのだろうか？

戦前のサラリーマンの実生活を書いた本『「月給百円」のサラリーマン』（岩瀬彰著・講談社現代新書）によれば、昭和5（1930）年当時、西荻窪駅から徒歩4分の土地が1坪30円だったという。現在の価値でいうと、１坪10万円前後という破格の値段である。

ちなみに現在、同じくらいの立地だと１㎡あたり約62万円の評価額となっている。地価は戦後になって飛躍的に上昇したといわれているが、戦前はかなり安かったのだ。

そのため、家を建てる場合は、むしろ建築費の方が高くついた。

同じく昭和5年の頃には、建坪30坪で２４００円程度の費用をかければ、３ＬＤＫで風呂付きのモダン住宅ができあがった。建築費は１坪あたり80円程度かかっている計算である。

これらの事情を加味すると、戦前の東京で敷地面積60坪の土地に、建坪30坪の家を建てようとすれば、おおむね４０００円前後のお金が必要だったことになる。当時のサラリーマンの平均月収は１００円前後だったので、年収の４倍程度でマイホームを持てたのだ。

もしも現代で同じような家を建てようとすれば、まず平均年収の10倍では済まない。当時のマイホームは、今から見るとかなり割安だったのである。

●マイホームは高嶺の花

しかし、だからといってマイホームが簡単に手に入ったわけではない。

マイホームを手に入れるためには、数々のハードルを乗り越える必要があった。

まず、一番の問題は資金だった。

戦前のモダン住宅。すでにこんなにおしゃれな家が建っていた

現代では家を購入する場合、35年などの長期のローンを組むのが普通である。

だが、当時はそれがなかった。

平均寿命[※③]が今よりもずっと短かった当時は、そもそも長期ローンに堪えられるだけの信用力がなかった。したがって、ローンを組めても10年や15年だったため、月々の返済で家計が立ち行かなくなることになった。

また、悪質業者の問題もあった。

当時はまだ、個人向けの住宅産業が整備されていなかったため、詐欺まがいの悪質業者が暗躍していた。「駅から10分」と謳った分譲地が車で飛ばして「駅から10分」だったり、建築費を業者に持ち逃げされるケースもあった。資金の都合がついても、安心はできなかったのである。

こうした状況を受けて、国も徐々に住宅環境を整えはじめた。

大正10（1921）年には、住宅組合法[※④]という法律ができ、7人以上で住宅組合を作れば、府や県から年利4％程度で20年返済の融資を受けることができた。

また、関東大震災後になって、国は同潤会という財団を作り、良質な住宅の普及に乗り出した。同潤会は、サラリーマンや職工といった中流層向けの住宅の供給を目的に設立され、有名な同潤会アパートのほか、広くて安い分譲住宅を5000軒以上建てている。

とくに同潤会のアパートは設備がよく非常に人気があり、当時の最先端の技術を盛り込んだ大塚女子アパート[※⑤]などは、職業婦人たちにとって羨望の的だったという。

●高級住宅地、田園調布の誕生

大正時代くらいから郊外で大規模な住宅開発がされるようになった。その先駆けとなったのが、現在、高級住宅地として名高い「田園調布」なのである。

田園調布を住宅地として開発しようと考えたのは、かの渋沢栄一[※⑥]である。

渋沢栄一は、欧米の田園都市に強く惹かれていた。

「自然のない都市環境では、人間の心身の健康に悪影響を及ぼし、道徳上の弊害が生じたり、精神衰弱患者を増やすことになる」

原宿表参道の同潤会アパート。震災の影響を受けて耐震性を備えていた

19世紀から20世紀にかけての欧米では、自然回帰主義的な発想が起こり、都市の中に自然公園を作ったり、田園の中に都市を作ったりするようになった。それを見た渋沢は、同じものを日本にも作ろうと考えたのだ。

大正7（1918）年、田園都市株式会社という会社が渋沢によって作られる。

田園都市株式会社は、東京近郊の田園地帯に、計画的に都市を建設するという目的をもっていた。具体的にいえば、東京近郊の田園地域を開発し、分譲地として売り出す、ということである。この会社のターゲットとなった地域が武蔵野の風光明媚な地域であり、「田園調布」だったのだ。

この田園都市計画には、田園にいながら最先端の都市生活ができる、というコンセプトがあった。まだ普及率が低かった電気、上下水道、ガスなどを整備し、小学校、幼稚園の用地も確保されていた。また公園や遊園地の造園も計画的に作られた。都市部に通勤、通学ができるように電車も走らせた。[※⑦]住宅地には駅を中心にして放射状に道が通っており、どの家からも駅までが最短距離に近い道で結ばれていた。

この田園分譲地は、ちょうど都心部が壊滅的被害を受けた関東大震災の直後だったこともあり、売り出し3ヶ月で予定の半分以上が売れたという。

田園調布以降、[※⑧]東京近郊は相次いで住宅地として開発されることになった。

関東大震災以降、人々は都心部から外に住居を求める傾向が強くなったこともあり、小田急や西武線の前身などが相次いで開通し、田園調布に倣って鉄道会社が沿線を住宅地に開発した。

その結果、現在にいたる「電車通勤」「ラッシュアワー」などが生まれることになったのである。

【注釈】

※① **棟割長屋**……棟木の方向に沿って壁を造り、分けた長屋。三方向を壁に囲まれた部屋もあり、通風性や採光性が悪く、政府も「不良住宅」として建て替えを勧めていた。

※② **1㎡あたり約62万円**……国土交通省の平成18年度の地価公示による。参考にしたのは、西荻窪駅から500メートル、徒歩8分ほどの土地。

※③**昭和初期の平均寿命**……昭和4年の平均寿命は、3歳を起点にして男50・94歳、女51・20歳だった。

※④**住宅組合法**……住宅建設を希望する7人以上で組合を作り、土地の購入代金と家の建設資金について低利で融資を受けられるという制度である。返済にあたっては組合員が連帯で責任を負い、建設した家を他人に貸すことを禁じるなど、制約も多かった。この制度で3万5000戸の住宅が建設された。

※⑤**大塚女子アパート**……同潤会が昭和5（1930）年に東京小石川に建てたアパート。完成時には、エレベーター、食堂、共同浴場、談話室、売店などがあり、屋上には音楽室、サンルームまで設けてあった。

※⑥**渋沢栄一**（1840〜1931）……実業家。旧幕臣。大蔵官僚を経て、実業家に転進。第一国立銀行や王子製紙、日本郵船、東京証券取引所、東京電燈など多種多様な産業、企業の設立にかかわり、日本の資本主義、近代化に貢献した。

※⑦**電車を走らせた**……このとき開通したのが「東京急行電鉄」。現在の東急である。

※⑧**東京近郊は相次いで住宅地として開発**……現在でも高級住宅地として知られる「二子玉川」や「洗足」なども、田園都市株式会社が開発した住宅地である。

戦前の逸話 其の22

【驚異の部数を誇った大衆誌】

百万部のお化け雑誌「キング」

●初めて大台を超えた『キング』

出版不況が叫ばれる昨今、100万部は夢の数字である。最近では、雑誌の休刊や廃刊といったニュースが報道される機会も多いので、その辺の事情は読者の方もご存知のことだろう。どちらかというと暗い話題の多い出版業界だが、戦前はずいぶん華やかだった。当時の日本には、怪物的な部数を誇った雑誌があったからである。

その雑誌の名は、大日本雄弁会（後の講談社）が発行した『キング』。

日本で初めて、100万部の大台を突破した雑誌である。

『キング』が創刊されたのは、震災の傷跡が残る大正14（1925）年だった。

発行元はよほど自信があったらしく、予定部数は最初から大台に乗せるつもりだった。しかし、取引先から「売れるかわからないのに、100万部は無謀すぎる」との声が挙がる。当時、一番売れていた『主婦之友』でも24万部だったので、たしかに100万部は勇気のいる数字である。取引先の意見を聞き入れ、『キング』は部数[※①]を大幅に引き下げた。

しかし、ふたを開けてみれば、『キング』は絶好調だった。雑誌は売れに売れ、増刷に次ぐ増刷がかけられる。創刊号は最終的に74万部まで刷る大ヒットを収め、国民的雑誌の登場を印象づけたのだ。

快調に滑り出した『キング』は、その後も順調に部数を伸ばし続けた。創刊から2年後には大台を軽く飛び越え120万部。翌年はさらに伸ばし、150万部を記録した。

当時の日本の人口は、およそ6000万人。人口が倍になった現在、もしも当時の『キング』があったとすれば、300万部を発行していた計算になる。まさに怪物的な雑誌であった。

戦前のお化け雑誌『キング』

●『キング』を作った男

この『キング』を作ったのは、野間清治という、東京帝国大学出身の元教員である。

彼は優れたアイディアマンで、当時、「演説[※②]」が社会的に流行しているのをみるとそれを紙上で再現して、明治43（1910）年に雑誌『雄弁』を創刊。そして、翌年には、庶民の間で「講談」[※3]が流行していることに目をつけ、同じく紙上で講談を再現した雑誌『講談倶楽部』を発行した。『雄弁』と『講談倶楽部』は、またたくまに日本有数の雑誌となった。

野間は、その勢いに乗って、子供向け雑誌『少年倶楽部』、婦人向け雑誌『婦人倶楽部』を相次いで創刊。それらも大当たりし、出版元である大日本雄弁会は、日本を代表する雑誌出版社に成長した。

これらのアイディアの集大成といえるのが、『キング』なのである。

まず野間は、その値段をおどろくほど安く設定した。『キング』は1冊50銭。『中央公論』や『改造』など、競合するライバル誌が1円以上で売れていたので、半額以下の値段だった。この低価格が実現できたのは、大量の広告を掲載したことが要因だった。

また、発売キャンペーンも大々的に行った。

創刊時には、書店に赤い幟を立て、チンドン屋を練り歩かせた。新聞広告も大胆に利用し、大手新聞各紙に一面広告も掲載した。

『キング』の最大の特徴は、〝大衆路線〟である。

これまで本や雑誌を読まなかったような人々を読者として取り込むため、小難しい議論は排除し、誰もが興味を持つ社会的な話題や気軽に読める人情話、歴史英雄伝などを載せたのだ。かの吉川英治[※4]もこの雑誌で流行作家になったのである。

そのほか、〝大衆路線〟との狙いから、本文にはルビを振り、イラストを多用したため、漢字を知らなくても読むことができた。大人の男性だけでなく、女性や子供も楽しめる誌面づくりをしていたのである。

また、『キング』には、その頃流行していた左翼的な話題が少なく、思想的な記事もなかったため、軍部も安心して兵士に読ませることができた。『キング』は軍公認の雑誌だったのだ。

「私の中隊百数十名はことごとくキングの愛読者です。昼夜にもわたる厳しい演習の後でもキングに目を通すと不思議なほど疲れも癒えてしまいます。中隊で許可を受けずに読める本はキングだけです」

兵士からこういうファンレターが来ることも多かった。

『キング』は日本に初めて登場した〝大衆の娯楽雑誌〟だといえるのだ。

戦前、一世を風靡したキングではあるが、戦後はラジオやテレビなどの娯楽の多彩化によって、苦戦を余儀なくされた。発行部数は全盛期の半分以下に落ち込み、昭和32（1957）年には廃刊している。

【注釈】

※①**部数を大幅に引き下げた**……結局、『キング』の創刊号は、50万部でスタートした。だが、それでも勇気ある数字であることに変わりはない。

※②**「演説」が社会的に流行**……戦前は政治演説会がある種の流行だった。明治時代は自由民権運動、大正時代はデモクラシー、昭和期に入ると社会主義運動など、戦前は政治的な活動が活発に行なわれており、演説会も頻繁に開かれていたのだ。

※③**講談**……歴史的事件や人情話などを、おもしろおかしく語る芸。寄席で演じられ、戦前期は庶民の代表的な娯楽のひとつだった。この講談を採取した本『立川文庫』は、庶民に人気があった。これを雑誌に移植したのが『講談倶楽部』である。

※④**吉川英治**（1892～1962）……日本を代表する大衆小説家。主な著作に『宮本武蔵』『三国志』などがある。『講談倶楽部』の作品公募で入選して作家デビューし、キングでは創刊号から『剣難女難』という長編小説を連載していた。

【消費をレジャーに変えた立役者】

戦前のデパート文化

●デパートはレジャーランド

「お母さんにデパートに連れて行ってもらう」

と聞くと、ある年代の人にとっては、甘美な響きがあるのではないだろうか。

街のスーパーとは違って、デパートにはなんでもある。

おもちゃ売り場でおねだりをして、お子様ランチで舌鼓。買い物がすんだら、屋上のゲームコーナーでひとしきり遊ばせてもらった。子供の頃は、デパートと聞いただけで、不思議と心が弾んだものである。

それは、戦前の人々にとっても同じだった。

なぜならば、日本のデパート文化は、戦前の時代に形作られたものだったからである。

ためしに、昭和10年代のデパートの様子を見てみよう。

当時を代表するデパート、三越本店[※①]はこんな感じだった。

建物は、アールデコ調の洒落た外観で、館内にはエレベーターやエスカレーターがあり、夏は冷房も効いていた。中央は1階から6階まで見事な吹き抜けになっており、パイプオルガンが置かれ、ステンドグラスのトップライトが照らす宮殿のような豪華な雰囲気である。

建物の5階と6階には、合わせて1000人を収容できる巨大なレストランがあり、カレーライスやチキンライスといった洋食のほか、お子様ランチやココア、アイスクリームといったものまでおいていた。

また、座席数約700の本格的な劇場「三越ホール」もあり、7階には各種催し物が行われているギャラリー、屋上には展望室がついた庭園まで設けてあった。

こうしてみると、現代のデパートとほとんど変わらない。むしろ、その豪華なイメージは現代以上のものがあるかもしれない。当時は娯楽の類が少ない時代である。戦前の人々にとっても、デパートに行くことは大きな楽しみだったに違いないのである。

●日本の小売業を変えたデパート

デパートが本邦に初めて登場したのは、明治時代のことだった。

明治38（1905）年、呉服店最大手の三越が、「当店は米国のデパートメントストアの一

昭和初期の大阪の心斎橋大丸百貨店の売り場。現代よりもむしろ豪華な印象である

部を実現する」と、主要新聞の広告で謳ったことがはじまりとされている。

デパートの登場は、日本の小売業の形態を大きく変えた。

それまでの日本の小売店は、特定の品物だけを扱う専門店ばかりだった。

その販売方法は独特で、店に行っても商品が陳列してあるわけではない。客は自分の欲しいものを店員に伝え、それに見合ったものを店員が奥から持ってくる、という実に回りくどい方法をとっていた。

しかも、商品には値札がない。店員は客によって値段を上下し、お得意さんには安く、一見さんには割高で、ということが公然と行われていた。

しかし、デパートの登場によってそれは変わった。

デパートでは、様々な種類の商品を陳列しており、値札もきっちりつけられている。客は自分の目で商品を吟味し、懐事情に合ったものを購入できるようになったのだ。

その後、東京銀座の松坂屋[※②]でもある変革が起きた。

松坂屋は関東大震災の復興を機に、畳敷きの売り場をやめて、土足のまま入ることのできるフロアに改装したのである。それまでの日本のデパートや小売店は、玄関先で履物を脱ぎ、中に入ることになっていた。当時は、まだ大部分の道路が未舗装だったため、雨が降れば地面がドロドロにぬかるんだ。土足で入店を許せば、店内は汚れてしまうのだ。

しかし、客足が増えるにつれ、履物を預かりきれなくなった。また、震災の復旧に併せて道路の拡張工事もはじまったため、西洋式に土足で入ることのできる店舗に改装したのである。

こうした新しい要素に満ちたデパートは、またたくまに日本を席巻した。昭和6（1931）年の時点で、10万人以上が住む全30都市のうち24都市に、営業面積500坪以上のデパートが作られていた。

●日本型デパートの特色

日本のデパートには、欧米のデパートにはない独自の文化がある。

それは、家族連れで買い物をする、ということである。

昭和11年頃のデパートの屋上庭園。すでにこんな乗り物まであった

昭和初期にパリのデパートを調査した三越社員のレポートでは、「デパートの客の99％は婦人客であり、日本のように家族連れでくるのはクリスマスのときくらい」だと報告している。また、当時の※③ヘラルド・トリビューン紙の記者も、日本のデパートが家族全員を顧客としていることに驚いた、などと語ったという。

このことからわかるように、欧米においてデパートとは、単純に買い物をするためだけの場所だった。しかし、日本の場合は違った。日本のデパートには、買い物以外でも家族で楽しむことのできる、様々な趣向が用意してあったのである。

その代表的なものが、屋上の遊技場とレストランであろう。

屋上の遊技場の起源は、三越にあるといわれている。

三越は明治40年に、デパートの屋上に休憩所を作った。休憩所には、噴水と池があり、その周囲を緑で取り囲んでいた。これが大変な評判を呼んだため、他のデパートも屋上庭園を作るようになった。

大正14年には、松坂屋銀座店の屋上に、動物園が出現。園内には、ライオンやヒョウといった猛獣までいた。昭和4年に開業した松屋浅草店は、屋上にスポーツランドと称する施設を作った。内容は現代のゲームコーナーとよく似た作りで、以後、屋上のゲームコーナーが急速に広まっていったのである。

デパートのレストランを最初にはじめたのは、白木屋[※4]だった。

当初はソバやしるこ、寿司などを売る出店のようなものだったが、明治44（1911）年に100人を収容できる大食堂に改装。ここでは定食や和菓子、サンドウィッチやコーヒーなどを食べることができた。その後、白木屋の成功にならって、各デパートも食堂を設けるようになった。それがデパートの名物となったのである。

スキヤキに代表されるように、西洋から入ってきたものにアレンジを加え、独自のものに作り変えるのは日本のお家芸である。

いまでも日本の文化として残り、休日になれば大勢の家族連れが訪れるデパートは、その最高傑作のひとつといえるかもしれない。

【注釈】

※①**三越**……もともとは江戸から続く呉服店「越後屋」。明治37（1904）年に社号を「三越呉服店」（三井の三と越後の越を取った）に変更、日本初の百貨店となる。大正3（1914）年には、初のエレベーターを備えた地上5階、地下1階の日本橋本店が落成。近代建築の傑作と称され、「スエズ運河以東最大の建築」などとも謳われた。

※②**松坂屋**……名古屋を中心とした中京地区に勢力を持つ百貨店。業界他社に先駆け、エレベーターガールや洋装の制服を導入。松坂屋銀座店は、大正13（1924）年に銀座初のデパートとして開業。初めて土足入店を認めた店舗として知られている。

※③**ヘラルド・トリビューン紙**……パリに本部を置き、世界各地で発行されている英字新聞。正式名称は、インターナショナル・ヘラルド・トリビューンである。日本では朝日新聞と提携している。

※④**白木屋**……日本を代表した百貨店。明治36年（1903年）に日本初の洋風高層建築デパートを作った。昭和7年には、日本橋本店で火災が発生。死者14名を出す大惨事となった。また、昭和24年には株を買い占められ、乗っ取られかけたこともあった。その後、東急グループから買収され、東急百貨店日本橋店と屋号を変えて営業を続けるも、業績不振から平成11年（1999年）に閉店した。

戦前の逸話 其の24

【戦前のスーパースターの実像とは？】

元祖タレント犬「忠犬ハチ公」

●日本の元祖タレント犬

テレビの世界では、「子供と動物は数字が取れる」などというジンクスがあるらしい。ここでいう「数字」とは、もちろん視聴率のこと。子供と動物を番組で使えば、それだけで多くの視聴者に見てもらえるということなのだろう。

たしかに子供と動物にはあらがいがたい魅力がある。無垢なものだけが持つ輝きといおうか、天然の愛嬌といおうか、そこには作り物にはない意外性が満ちている。テレビを見ていて、彼らの愛嬌たっぷりな仕草に当てられ、思わず目じりが下がっていたなどという経験をお持ちの方も多いのではないだろうか。

だが、これらは何もテレビが登場してはじまったことではない。

テレビなどない戦前の日本でも、すでに偉大なタレント犬が誕生していたのである。

その犬の名は「ハチ」。映画にもなった、あの「忠犬ハチ公」である。

忠犬ハチ公は、大正12（1923）年に秋田県大館地方に生まれた秋田犬[※①]だった。生後しばらく秋田で過ごした後、秋田犬を探し求めていた東京帝国大学の上野英三郎[※②]教授の元で飼われることになった。東京に居を移したハチは、犬好きの上野教授に可愛がられ、幸せな毎日を送っていた。教授が出勤する際に最寄の渋谷駅まで見送り、帰宅に合わせて駅で待っているようになったのは、この頃だという。

しかし、その幸せは長く続かなかった。大正14（1925）年5月、上野教授が勤務中に倒れ、そのまま息を引き取ってしまったのである。

晩年のハチ公

その後、ハチはいくつかの家をたらい回しにされた後、教授宅に出入りしていた植木業者に引き取られることになった。しかし、ハチは教授の死を理解できなかったのか、教授の帰宅していた時間になると、渋谷駅で亡き主人の帰りを待つようになる。

昭和7（1932）年、ハチの運命を変えるような出来事があった。

渋谷駅に佇むハチの姿をレポートした「いとしや老犬物語」が東京朝日新聞に載ったのである。記事では、人々に邪険に扱われながらも、なお健気に主人を待ち続ける姿が描かれていた。この記事を読んだ人々はその忠義心に感動。ハチは一躍人気者となり、渋谷駅の人々にもかわいがられるようになったのだ。

●銅像になったハチ

そして、その2年後、ハチ公は銅像になった。

当時の新聞は、※③ハチ公像が完成したことを「銅像に輝くハチ公の姿」と題して次のように報じている（東京朝日新聞、昭和9年4月22日夕刊）。

渋谷駅頭のハチ公の銅像が出来上がってその除幕式が二十一日午後一時から行われた。駅前はハチ公ファンの少年少女や乗降客などで身動きも出来ぬくらいの人出、主人公のハチ公は紅白の布を身に飾られて怪げんそうにこの有様を見ている。同駅貨物ホームに設けられた第一式場でまず板垣農大教授の挨拶があり、神主の祝詞があって、吉川渋谷駅長が銅像建設までの経過を報告した後、除幕に移り故上野博士の令孫久子（一一）さんの手で幕がとられ、亡き主人を待つ銅像のハチ公の姿が現れると、群集は今更のごとく感激にどよめいた。外務

ハチ公像のお披露目。銅像をひと目見ようと、大人から子供まで集まっている

省では諸外国に伝えるためこの情景をトーキーにおさめ、午後二時式を終わったが、この日渋谷駅で記念スタンプを発行するし付近の商店ではハチ公せんべいを始めハチ公と銘うった売り出しに景気を添えた。

この記事にもある通り、除幕式にはハチ公自身も参列している。

生前に銅像が作られるとはなんとも奇妙な感じがするが、実は、当時の渋谷駅周辺には、ハチ公人気に便乗するかのように、怪しげな人物が出没するようになっていた。

その中には、「ハチ公の銅像」を作るためだと称して、募金を集め回っている詐欺師のような輩もいた。そうした詐欺まがいの行為をやめさせるために、彫塑家の安藤照※④によって前倒しでハチ公の銅像が作られたのである。

銅像ができてからというもの、渋谷駅周辺では、その人気に便乗するかのようにハチ公グッズが次々と売られた。ハチ公に似せたおもちゃやハチ公せんべい、なかにはハチ公そばやハチ公焼き鳥、ハチ公丼など、どこでどう結びついたのか頭をひねってしまうような珍妙なものまで出回っていた。また、この頃、「ハチ公唱歌」なるレコードまで発売されている。

この銅像が作られた翌年の3月に、ハチ公は亡くなった。渋谷駅付近の路上で、冷たくなっているところを発見されたのだ。[※⑤]13年の生涯だった。

しかし、その人気は衰えることなく、ハチ公の亡骸は剥製[※⑥]にされ、死から2年後には国定教科書の修身書[※⑦]2巻に「見習うべき忠義犬」として掲載された。それから50年以上を経た昭和62（1987）年、松竹映画『ハチ公物語』が公開され、時を越えて蘇ったハチ公の姿に日本中が涙する。そして、その人気は海を渡り、2008年には遠いアメリカの地で『HACHI 約束の犬』としてハリウッドデビュー。渋谷のハチ公は、いまや世界のハチ公になったのだ。

●ハチ公フィーバーの真相

しかし、こうした忠犬フィーバーには、早くから疑問視する声も聞かれていた。

実は、ハチ公は新聞に載る前から、すでに渋谷駅周辺の酔客の間では有名な存在だったというのである。なんでも、ハチ公には串に刺さった焼き鳥を抜くという奇妙な特技があったらしく、飲み屋の酔客たちからかわいがられていたというのだ。

そのため、ハチ公が毎日のように駅に向かっていたのは、亡き主人を待っていたのではなく、焼き鳥[※⑧]のおこぼれを頂戴するためだった、などという説も囁かれていた。

果たして、ハチ公の目的は主人の幻影だったのか、それとも湯気を立てる焼きたての焼き鳥だったのか。

その真相は当の本人にしかわからないが、動物を人気者に仕立て上げ、商売に結びつけようとするのは今も昔も変わらない。これは日本人が古来から持つ特徴のひとつだといえるのかもしれない。

【注釈】

※①**秋田犬**……日本犬の一種。闘犬のために交配を重ねて生まれた大館犬がルーツとされる。大正期頃から品種保護運動がはじまり、現在では国の天然記念物に指定されている。ちなみに「秋田犬」は「あきたいぬ」と読む。

※②**上野英三郎**（1872〜1925）……農業土木学者。農業工学の礎を築いた。現在では、その功績をたたえ、農業土木の発展に貢献した者に贈られる「上野賞」に名を残している。

※③**ハチ公像**……現在、渋谷駅にあるハチ公像は2代目で昭和23（1948年）年造。初代ハチ公像は、太平洋戦争の激化にともない昭和19（1944）年に溶かされ、機関車の部品になった。ハチ公の銅像は、生地である秋田県大館市にもある。

※④**安藤照［あんどう・てる］**（1892～1945）……戦前を代表する彫刻家。東京美術学校時代から頭角を現し、「大空」で第1回帝国美術院賞を受賞。代表作に「ハチ公像」「西郷隆盛像」がある。昭和20（1945）年に空襲で爆死した。

※⑤**13年の生涯**……犬の13歳は、人間でいうところの68歳に当たる。

※⑥**ハチ公の剥製**……ハチ公の剥製は、現在、国立科学博物館が所蔵。同館に足を運べば、ハチ公の勇姿を見ることができる。

※⑦**修身書**……修身とは忠義や友情、親孝行などを説いたもので、今でいう道徳にあたる。小学校では学年ごとに1巻ずつあり、2巻は小学2年生の教科書になる。

※⑧**焼き鳥のおこぼれを頂戴する**……実際、死後に解剖されたハチ公の胃の中からは、丸呑みしたものとみられる焼き鳥の串が発見されている。

【かつての〝不治の病〟は今…】

悲劇の病気「肺結核」

●戦前の死因ナンバーワン

治療法が確立した現代では、肺結核[※①]はそれほど恐ろしい病気ではない。だが、戦前は発症すれば命とりになった。１９３５年から１９５０年まで、肺結核は日本人の死因で1位だった。その死亡率は高く、イギリスなどの西洋諸国と比べると、2倍から3倍の高確率で死亡した。

日本の肺結核は、紡績業の発展に伴い、被害が拡大するようになった。労働力として紡績業を支えたのは、農村からやってきた少女たちだった。不衛生な寮と、栄養の偏った食事、厳しい労働のため、女工たちは肺結核の餌食になっていったのである。

肺結核にかかると、女工は親元に帰された。だが、帰ってきたところで親も手の施しようがない。結核は空気感染するため、患者を人目につかないところに建てた小屋に閉じ込めて、ただ死ぬのを待つ、などという悲劇もあったという。

年齢別で見ると結核の餌食になったのは、20代の若者が多かった。昭和5（1930）年の統計では、日本にいる20代のうち、3・5％もの人々が結核によって亡くなっている。

こうした状況に、国も危機感を募らせ、大正3年、肺結核療養所の設置を決定した。この施設は、貧困などを理由に、充分な治療を受けられない結核患者を収容するためのもので、昭和5年には全国で16ヶ所あり、およそ2400名の患者を受け入れることができた。かの渥美清も戦前に肺結核にかかり、療養所に入っていたことがある。

昭和11（1936）年には、結核予防国民運動と称し、結核映画の上映会や講演会を各地で開催。翌年には国内の専門家を集めて、BCG予防接種の研究を開始させた。

この研究の結果、予防接種の有効性は改めて確認され、昭和16年から軍需工場に就職を希望する者は、必ずBCG接種を受けることになった。しかし、すでに戦争に突入していた当時、充分なワクチンは揃わず、期待された効果は挙げられなかった。そのため、日本人はその後もしばらく、肺結核に怯えて暮らすことを余儀なくされた。結核が死の病気でなくなったのは、戦後になって、特効薬[※②]ストレプトマイシンがもたらされてからのことだった。

●下痢、狂犬病で死ぬ人も多かった

戦前は、平均寿命が非常に短い。

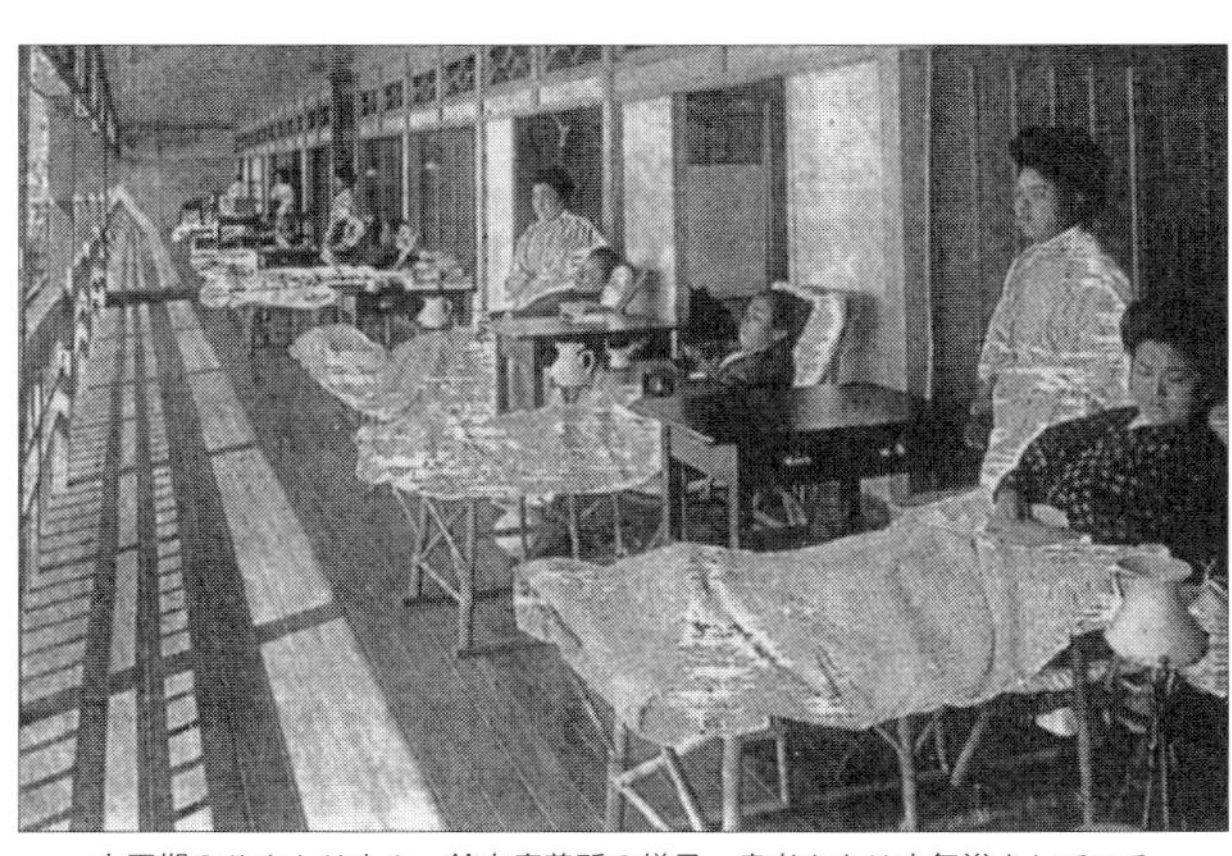

大正期のサナトリウム、鈴木療養所の様子。患者たちは大気浴をしている

昭和10（1935）年、男性の平均寿命は約47歳、女性は約50歳だった。

もちろん、戦前の人々が50歳前後でバタバタ死んだわけではない。若くして亡くなる人が多かったため、こういう数字になったのだ。

戦前はちょっとした病気で死ぬことが多かった。昭和10年代の死亡率は、1位は結核、2位は肺炎、気管支炎、そして3位に胃腸炎の順番になっている。胃腸炎というと、言葉を変えれば腹痛である。当時は抗生物質がなかったので、そういうことにもなったのである。

特に、抵抗力の弱い子供が胃腸炎の犠牲になった。そのため、親たちは子供が駄菓子屋で買い食いするのを嫌がり、※③バナナを与えるのも躊躇した。当時は衛生状態が今ほど整っていなかったので、親たちは子供の生活に気を配っていたのである。

また、吸入器という医療器具が、家庭で普及していた。

この器具は、ホウ酸入りの蒸気を喉に吹きつけるというものだったが、こうした器具が普及したのも、「風邪や下痢をこじらせて死ぬ」ことが珍しくなかったからである。

また戦前では、今では考えられないような病気で死ぬこともあった。

狂犬病もそのひとつである。戦前は野犬が多く、予防接種をしていない危険な犬がいたるところにいた。大正13（1924）年には、狂犬病で253名もの死者が出ている。こうした被害に政府も対策を講じ、野犬狩りを徹底。そのため昭和に入って、狂犬病は激減している。


【注釈】

※①**肺結核**……結核菌による感染症。進行すると肺の組織が破壊され、出血して死に至ることもある。

※②**ストレプトマイシン**……抗生物質の一種で、結核の特効薬。1943年にアメリカのラトガース大学のセルマン・ワクスマンの研究室で発見。ワクスマンはその功績によって、ノーベル賞を受賞している。

※③**バナナを与えるのも躊躇**……当時は、バナナを子供に与えると疫痢（重篤な小児赤痢）になると信じられていた。

【第四章】熱く迷走する戦前の日本

戦前の逸話 其の26

【楽ではなかった華族の暮らし】

即席で作られた日本の貴族たち

●日本にもいた貴族階級

戦前の日本には、現代にはない特権階級が存在した。ヨーロッパの貴族をならって作られた、華族である。

明治維新後、視察のため欧州を歴訪した政府の高官たちは、ヨーロッパに貴族というものがあることを知った。欧州の貴族は代々続く名家の出身で、高い教養と洗練された社交術を身につけ、政治の中枢を担うなど社会の指導者的な立場にあった。

そのことに感心した伊藤博文ら政府高官は、日本にもこの貴族制度を導入できないものかと考えた。維新後の日本では、公家や大名といった江戸時代の特権階級の処遇が宙に浮いたままだった。貴族制度の導入は、まさに渡りに船だったのである。

そして、明治2（1869）年の版籍奉還にともない、公家142家、旧大名285家の合わせて427家に新しい身分「華族」が与えられることになったのである。

明治17（1884）年には、華族令が制定され、それまでひとつだった華族の階級が5つに分かれることになった。爵位は、上から順に公爵、侯爵、伯爵、子爵、男爵に分かれ、公家や旧大名だけでなく、明治維新で特別な功績をあげた者や財界人なども爵位を賜ることになった。

ちなみに各爵位の授爵の基準だが、もっとも位の高い公爵の場合だと[※①]五摂家や徳川将軍家、その他、明治維新で特別な貢献をした毛利家や島津家などの旧大名に限られた。明治17年の華族令の時点では、あわせて11家が公爵の爵位を得ている。

2番目に偉い侯爵の場合だと、公家からは[※②]清華家、旧大名からは旧徳川御三家や戊辰戦争以降の時点で15万石以上を持つ家が選ばれた。代表的なところを挙げると、後に首相となる細川護熙（もりひろ）を輩出した肥後熊本藩主の細川家や、金沢藩主の前田家、琉球国王の尚泰王などである。

3番目の伯爵からは、国家に特別な功績があれば、公家や旧大名以外からでも選ばれた。代表的な者では、伯爵には伊藤博文や山県有朋といった国家功労者が選ばれ、もっとも位の低

徳川将軍家16代目当主の家達（右）と17代目当主の家定。公爵に叙された

かった男爵には財閥の当主なども選ばれている。

その後も華族は数を増やし、伊藤博文の伊藤家のように伯爵から公爵に位を上げる者もいた。また、政治家や軍人などで際立った功績を収めた者があらたに爵位を授かることもあった。それらの者は新華族などと呼ばれたが、公家や旧大名出身の華族たちから、成りあがり者として差別されることもあったという。

●華族の特権とは？

こうして選ばれた華族には、数々の特権が与えられることになった。

まず、華族は世襲財産と設定した財産は、第三者から差し押さえられることがなくなった。家を存続させるための財産が特権で守られるようになったのである。

また、華族には「家憲」を定める権利もあった。家憲とは、いわば家のしきたりだが、単なる決め事や規則とは違って、法的拘束力を認めていた。そのため、家憲に関するトラブルが法廷に持ち込まれれば、裁判官は家憲にもとづき審理を進めることになったのだ。

その他では、教育の面でも優遇された。

明治10（1877）年、政府は華族の教育のために学習院[※3]を作った。華族の子女は同学校に入学することができ、高等科までの進学が保障されていた。さらに、帝国大学に欠員がある場

学習院高等科の卒業記念写真（明治 43 年）。下段左から６人目は院長の乃木希典

合、華族は無試験で入学することができた。本書ですでに触れたように、当時、帝大への入学は非常に難しかったが、華族はある意味、特別枠での入学が認められていたのである。

また、明治22（１８８９）年に帝国議会がスタートすると、華族は貴族院※④の議員になることができた。公侯爵の場合は、30歳以上の者全員に議席が与えられ、伯爵以下の者は半数を7年毎に改選した。※⑤歳費はでなかったものの、皇族や華族にだけ認められた特権である。

こうした数々の特権を持つ華族は、社会の規範になることが義務づけられていた。※⑥そのため犯罪はもちろんのこと、世間に批判されるようなことは許されなかった。しかし、なかには素行の悪い者もおり、殺人や不倫、詐欺といった華族の不祥事が紙面をにぎわせることも珍しくなかった。

昭和10（1935）年には、海軍大将を務め、侯爵を賜った東郷平八郎の孫が家出し、浅草のカフェの女給に身をやつすという出来事があった。新聞はこの事実を2週間ほどですっぱ抜くと、わざわざ顔写真入りで大々的に報じている。

華族の中には、世間の嫉妬ややっかみを防ぐために、進んで慈善事業などに取り組む者もいた。しかし、それがかえって庶民を刺激することもあった。

大正11（1922）年には、同和関連の施設の建設費用を集めるため、華族の有志30人が日比谷公園で草刈などの労働を行ったことがあった。しかし、これが新聞に載ると、わざとらしい売名行為などと散々に非難されることになった。華族も楽ではなかったのである。

●意外と苦しかった華族の経済状況

それでは、当時の華族たちはどのような暮らしぶりだったのだろうか。

現在のイメージからすれば、いかにも貴族的な優雅な暮らしを想像する。だが、実際はそうでもなかった。華族のなかには、非常に苦しい経済状況の者もいたのである。

華族には、大きく分けて3種類あった。

先祖代々天皇家に仕えてきた公家と、旧大名家、そして平民で叙爵された者である。

このうち、もっとも財産があったのは、かつて広大な領地を誇った旧大名家だった。

加賀藩の旧藩主・前田利為の大邸宅（明治44年頃）。前田家は現在の東京大学本郷キャンパスの南西に広大な敷地を有したが、後に土地を大学に寄贈している。

彼らは明治維新後の版籍奉還で領地を返還させられた代わりに、その石高に応じて多額の金禄公債※⑦が与えられた。この金禄公債は、藩主だったころの税収より少なかったが、藩士に給料を払わなくてもよくなったので、ほとんどの旧大名家は実質的に収入が増えたといわれている。そのため、莫大な石高を有していた旧大名家などは、こぞって西洋風の大邸宅を建てるなど、貴族然とした暮らしを送っていた。

また、平民出身の華族も、財産持ちが多かった。とくに財閥の当主として爵位を受けたような者の財産はおどろくべきものがあり、意外と質素な実生活を送っていた旧大名家以上に、貴族らしい豪奢な暮らし振りだった。

それにくらべて困窮したのが、公家出身の華族である。

彼らは江戸時代を通じて、経済的にあまり恵まれない生活をしてきたので、資産もほとんどなかった。しかも華族になったところで、大金をもらえたわけでもない。上流階級の暮らしどころか、食べていくのもやっとという華族もいたのである。

政府は困窮する華族のために、明治27年の天皇成婚25周年を機に、「旧堂上華族保護賜金」という制度を作った。政府が199万円の資金を拠出し、その利子を公家出身の華族に分配するという、一種の救済策だった。[※⑧]しかし、分配の比率が公侯爵に3、伯爵に2、子爵に1だったため、数の多い伯爵や子爵にとっては、あまり意味のないことだった。

そのため、爵位を捨てる者も出た。華族の格式ある生活に、経済状態が追いつかなかったのである。

日本の貴族制度は、太平洋戦争後に「法の下に平等」を謳った日本国憲法が制定されるとともに姿を消した。その子孫の多くは、今では我々庶民に混じって、市井で暮らしを営んでいる。

【注釈】

※①**五摂家**……藤原氏の嫡流で摂政や関白の位に就くことのできた最高の家柄。近衛家、九条家、一条家、二条家、鷹司家のこと。

※②**清華家**……五摂家につぐ公家の名門。久我家、三条家、西園寺家、徳大寺家、花山院家、大炊御門家（おおいのみかどけ）、菊亭家、醍醐家、広幡家の9家あった。

※③**学習院**……学習院大学の前身。当時は華族専門の教育機関だったが、財閥の子女なども入学することができた。

※④**貴族院の議員**……貴族院議員は、皇族や華族の他、国家に特別な功労があった者や学識者、高額納税者からも選出された。

※⑤**歳費**……国会議員における、給料のようなもの。当時は、貴族院の議員には給料がなかったのである。

※⑥**社会の規範になることが義務づけられていた**……宮内省には、宗秩寮という華族の行動を監視する機関があった。宗秩寮には、華族に注意を与えたり、地位を剥奪する権限もあったが、華族の名誉を汚すような非行があっても、実際に地位を剥奪することはなく、指摘を受けた当人が自主的に返納するという形がとられていた。

※⑦**金禄公債**……明治9（1876）年、それまで大名や武士が年貢から得ていた秩禄が廃止され、金禄公債が与えられた。金禄公債は国債に近く、毎年一定の利子がもらえる仕組みになっていた。しかし、その利子は、以前の秩禄よりも遥かに少なく、武士の多くは苦しい生活を強いられた。

※⑧**一種の救済策**……明治10（1877）年、岩倉具視の呼びかけに応じて、華族たちは資産を出資。生活安定のために第十五国立銀行を立ち上げた。しかし、昭和2（1927）年の金融恐慌で経営破綻。多くの華族が財産を失うことになった。

【トップの年収は数百億円!?】

日本を支配した財閥

●すべての富は財閥に集まる

戦前の日本を語る上で、欠かすことが出来ないのが、「財閥」という存在である。

財閥というのは、特定の一族が巨大な企業集団を形成したものだ。

現代にもコンツェルンやコングロマリットといった企業集団はあるが、財閥がそれらと違うのは、株式をほとんど公開せず、一族経営の度合いが強かった点にある。

戦後、GHQの指令によって、数多くの財閥が解体された。[※①]

そのなかでも、とくに隆盛を極めたのが、三井[※②]、三菱[※③]、住友、安田の4大財閥である。

4大財閥が戦前の日本でどれほどの力をもっていたのか、そのことを如実に示すのが、終戦時のデータである。終戦時、4大財閥は、全国の会社の払込資本金のおよそ50%を占めていた。

実際の資産額では、その数値よりも上だったともいわれている。つまり、4大財閥に、日本の富の半分が集中していたのと同じことなのだ。日本の経済の大半は、数家族の手に握られていたのである。

では、なぜこうした財閥が形成されたのだろうか。

そこには、当時の日本特有の事情があった。

幕末に無理やり開国を迫られた日本は、世界市場で対等に戦うため、西洋諸国に負けない競争力を持つ企業を作らなければならなかった。そこで幕府や後の明治政府は、特定の商人だけを優遇して、西洋企業に対抗できる力をつけさせたのである。

商人たちも、政府を十二分に利用した。新しい産業を興すことには協力はしたが、同時に、数々の特権をとりつけることも忘れなかった。

三菱財閥の３代目社長、岩崎久弥（手前）と後に４代目社長となる小弥太。

その結果、特定の商人たちは強大な資本を持つようになり、財閥が形成されていったのである。

たとえば三菱財閥は、最初は船会社としてスタートした。明治初期の海運業は、外国商船に支配されていた。それに対抗するために、政府は三菱に国が保有する大量の船舶を譲渡し、三菱の海運業を助けたのである。その結果、明治中期には日本国内の海運業から、外国企業はほとんど駆逐されたのだ。

また、明治初期には、当時の日本の主力輸出品である生糸は、海外の商社にいいように食い物にされていた。海外の商社は、はじめに高額な代金で生糸を買い取った。それにつられた全国の業者が生糸をかき集めたところで、途端に買い控える。結果、生糸の相場は大暴落し、海外商社のいいように買い叩かれていたのである。

危機感を覚えた政府は、対抗策として、江戸の大商人三井家に大手の貿易会社を作らせた。それが三井財閥の総本山「三井商事」のはじまりなのだ。

つまり、財閥とはそもそも国策で生み出されたものだったのだ。それが政府とうまく結びつきながら肥え太っていき、昭和初期には大変な財力を持つにいたったのである。

●長者番付を独占する

財閥が果たして、どれほどの富を持っていたのか。

当時の長者番付をみると、その驚くべき実態が浮かび上がってくる。

昭和2（1927）年の長者番付によると、1位から8位までが三菱、三井の一族で占められていた。なかでも三菱の3代目社長、岩崎久弥などは431万円もの年収があった。その頃の大卒初任給が50円前後、労働者の日給が1、2円だったので一般人の1万倍の年収があった

■ 昭和２年の長者番付

１位：岩崎久弥（三菱合資社長）	約431万円
２位：三井八郎右衛門（三井合名社長）	約339万円
３位：三井源右衛門（三井合名重役）	約180万円
４位：三井元之助（三井鉱山社長）	約178万円
５位：三井高精（三井銀行等の重役）	約173万円

財閥関係者に独占された長者番付。昭和初期、財閥関係者は桁外れの収入があった

ことになる。現代のサラリーマンの平均収入は５００万円前後といわれている。したがって、今の感覚では岩崎久弥の年収は５００億円。長者番付が公開されていた２００４年度の１位の年収はおよそ30億円だったので、その10倍以上という想像もつかない高収入である。

財閥の場合は、それだけでなく、一族がみな桁外れの収入があった。

上に昭和2年の長者番付表を掲載している。

これを見ればわかるように、ベスト５のうち、三井家が４人もランクインしている。財閥の中枢を一族が占め、それぞれが一般人の数千倍もの収入を得ていたのだ。

当時の国民にとって、こうした状況がおもしろいはずがない。

財閥は、庶民に嫉妬と羨望の入り混じった目で見られることになった。※④大正デモクラシーや労働運動では、財閥は糾弾の対象とされたし、二・二六事件などでも、目

の敵にされた。

そのため、財閥はテロの標的になることもしばしばだった。

安田財閥の創始者、安田善次郎は、右翼の活動家に暗殺されており、三井財閥の総帥だった団琢磨も、昭和7年に血盟団のテロで殺されている。[※⑤]

財閥も世間の風当たりを気にして、慈善事業を行ったり、役員の報酬を引き下げたりしている。しかし、国民はそれでも財閥の専横を快く思っていなかった。

財閥は終戦まで生き永らえたが、戦後になってGHQの指令により解体された。[※⑥]

しかし、いまだに旧財閥系のグループ企業があるのはご存知の通りである。

かつての一族経営はみられなくなったが、戦前の日本経済を支配した財閥の幻影は今でも息づいているのである。

【注釈】

※①**解体された財閥**……解体された財閥のなかには、15大財閥として特別に指定されたものがあった。その名称を挙げると、三井、三菱、住友、鮎川、安田、浅野、大倉、中島、野村、渋沢、川崎、理研コンツェルン、日窒コンツェルン、日曹コンツェルン。

※②**三井財閥**……伊勢の商人の4男として生まれた三井高利が始祖。江戸で呉服店（後の三越）を開き、「切り売り」「現金売り」「安売り」のスタイルで大繁盛し、江戸を代表する商店になる。幕末に官軍から御用金を求められたときにいち早く応じたことが、大財閥への足がかりになった。

※③**三菱財閥**……幕末に、土佐藩の下級藩士だった岩崎弥太郎が、土佐藩の運輸事業を引き継いだのがはじまり。弥太郎は、新政府の重鎮だった後藤象次郎の後ろ盾を得て、西南戦争時に、政府軍の輸送を一手に引き受けることに成功し、急成長を収めた。

※④**大正デモクラシー**……大正期の日本に巻き起こった、民主主義、自由主義を求める運動や風潮。大正7年の富山の米騒動に端を発する。普通選挙の実施や、男女平等、反植民地などの運動が繰り広げられた。

※⑤**血盟団のテロ**……昭和7年に起きた右翼団体「血盟団」が元蔵相の井上準之助、三井財閥の総帥団琢磨を暗殺した事件。

※⑥**財閥解体**……GHQは15大財閥の持ち株などを強制的に吐き出させ、企業体を解体。さらに財閥の司令塔ともいえる「持ち株会社」も禁止した。持ち株会社が解禁されたのは、1997年になってからのことである。

【残飯屋に物乞い…恐るべき貧民窟の実態】

戦前の下層社会

●残飯を食らう人々

戦前にあって戦後にはなくなったものに、残飯屋というものがある。

残飯屋というのはその名のとおり、残飯を売る業者のことである。現在ならば、衛生上も、人権上も許されないことであるが、戦前はれっきとした商売だったのだ。

戦前は、貧富の差が激しく都市のいたるところに貧民街[※①]があった。貧民は昭和恐慌以降になって、急激に増殖し、東京では深川や浅草、芝、小石川、下谷、京橋、麻布、牛込、本郷、四谷、神田、赤坂といったところにスラムがあった。

そこには職にあぶれた日雇い人夫や、夫に先立たれた未亡人、両親のいないストリートチルドレンといった人々が集まり、薄汚れた木賃宿や頭がつっかえそうなほど天井の低い貸部屋で雨露をしのいでいた。

大正 10 年頃の東京・下谷区竜泉寺町（現・台東区竜泉）の２階建ての共同住宅。家賃は日掛けで１日８銭～ 10 銭。当時、この建物に 40 世帯、150 人が住んでいた

スラム街の増加には、政府も対策に頭を悩ませていた。貧民窟は衛生的にも問題があったため、伝染病の発生源になることも多かったからである。

スラム街の実態を調査した東洋経済新報の昭和8年12月9日号によると、当時のスラムでは※②平均して1・29畳に1人が住んでいた。

部屋には押し入れもなく、屋根はトタンで、住宅が密集していたため光が届かず、昼間でも部屋の中は薄暗かった。

また、排水設備が整っていないため、雨水が排出されずに床下にたまり、共同便所から流れる汚水や下水が一緒になって堪らない「スラム臭」を発していた。現代では考えられないほど、劣悪な環境で暮らしていたのである。

昭和4年に東京市が行った調査によると、行

政の援助が必要な「細民」は、およそ2万世帯で合計8万人いたという。このほかにも東京市の周辺には7万世帯、29万人の細民がいたので、現在の東京都だけで40万人の細民を抱えていたことになる。

これらの細民にとって重要な食料となったのが、「残飯」だった。

兵営や軍の学校といった人が集まる施設では、大量の残飯が出る。この残飯を業者が払い下げてもらって、貧民窟で売りさばいたのだ。[※③]

貧民窟は、兵営や軍の学校の近辺に散在することが多いが、それは残飯を求めて貧民が集まってきたということでもある。

明治26（1893）年に著された『最暗黒の東京』[※④]という本には、その様子が詳しく記されている。

残飯業者は、朝昼晩の3回、士官学校に行って残飯を買い取ってくる。もちろん残飯なので、まともなものではない。「あらい」と呼ばれる、釜を洗った際の水分を多量に含んだ飯や、「虎の皮」と呼ばれる焦げ付いた飯ばかりである。

残飯はあくまで余った食料なので、士官学校などの都合でその分量は変わる。日によってはまったくでないこともあった。

そんな日は、スラムの住人たちは飢えることになる。残飯業者が大量の残飯を荷車に載せて

大正時代の終わり、東京市本所（現・墨田区）にあった残飯屋の様子

戻ってきたときなどは、大喝采で迎えられたという。

昭和5年には、東京市内には、残飯屋が全部で23軒あった。

そのうち3軒は慈善事業で行われており、官庁やデパート、レストランなどから残飯をもらい受け、スラムの住人に無料で提供した。その他の者は、あくまで商売であり、金を出して残飯を買い、それをスラムで売り歩いていたのである。

昭和初期の貧民窟の住人の仕事は、日雇い労働がもっとも多く、その他は下駄の歯入れ、靴直し、あんま、菓子の行商、お札売り、焼き鳥屋、保険の外交員などだった。その収入は、1世帯あたり平均して15円程度。現在の価値に換算すると、およそ5万円という金額だった。

そのため、食費に割ける金額に限りがある。

この頃の貧民窟では、1日の食費は7銭が相場だった。7銭というと、現在に置き換えれば、およそ200円である。これは1日3食を残飯でまかなった場合とほぼ同額だったという。

●職業としての乞食

戦前は社会福祉制度が充実していなかったため、人に金品を乞うて生活する、いわゆる「物乞い」も多かった。※⑤

草間八十吉というジャーナリストが「浅草公園における浮浪者の調査報告」というルポを残している。内容は、昭和4（1929）年頃の浅草における物乞いの生活について詳細にまとめたものである。

このルポによると、当時の浅草公園には60人前後の物乞いがいた。浅草は戦前の東京でももっともにぎわった場所だったので、人が多く集まり、飲食店なども多かった。物乞いにとっては生活しやすい場所だったのだ。

彼らは、その生活方法から、「ケンタ」「ツブ」「ヒロイ」に分けられた。

ケンタとは、浅草寺の周辺の階段の下などに座って、寺の参拝客から金を恵んでもらう人たちのことである。

浅草観音堂の仁王門周辺の浮浪者たち（大正14年）

ケンタは浅草の物乞いの中でも上位のグループに属しており、どこに座ればいいのか、その縄張りが仲間内で決められていた。

縄張りは浅草公園内に5ヶ所あり、多いときでもひとつの縄張りに5人までしか〝出勤〟できなかった。[※6] 当時、ケンタは50人ほどいたというが、一度に全員が出勤できなかったため、昼夜交代制をとるなど工夫していたという。

ケンタの集団には、必然的にリーダーが生まれた。草間八十吉が調査した当時は、大隈と呼ばれる男がケンタ頭だった。

大隈は浅草界隈で17年間も物乞いをしていたらしく、自然と他の者は大隈に従うようになっていたという。

このケンタのグループに入れなかったのが、ツブである。

ツブは、浅草の路上で通行人に声をかけて、金品を恵んでもらう。特定の場所に座り、大勢に声をかけることのできるケンタと比べて、効率が悪かった。[※7]

最後のヒロイは、浅草界隈の物乞いの最下層だった。

人から何かを恵んでもらおうとすれば、それなりに気の利いたセリフを吐かなければならないし、芝居もうまくなければならない。それができない彼らは、モノを拾って食べるしかなかった。草間八十吉も、この「ヒロイ」が、「もっとも悲惨な生活を強いられている」と書いている。

戦前の日本にも、生活困窮者を支えるための制度はあった。

しかし、それはあくまで高齢者や病人などを援助する限定的なものであり、失業者を救護する制度はなかった。

現代社会でも貧富の差が拡大しつつある、と言われることが多い。だが、戦前の下層社会は一条の光もささない、社会の暗部だったのである。

【注釈】

※①**貧民街**……当時は、貧民窟などと呼ばれていた。

になる。

※②**平均して1・29畳に1人が住んでいた**……つまり、四畳半の部屋に、3、4人で暮らしていたことになる。

※③**貧民窟で売りさばいた**……貧民窟には、残飯を専門に出す定食屋まであった。

※④**『最暗黒の東京』**……明治25年に民政社から発行。国民新聞の記者、松原岩五郎が実際に貧民窟に住み、貧民の生活の様子をレポートしたもの。社会派ルポのはしりともいえるこの本は、その後、何度も復刊され、1988年には岩波文庫からも出ている。

※⑤**戦前の社会福祉制度**……戦前にも救護法という生活保護に似た制度があった。しかし、支給条件がかなり厳しく、実際に保護を受けられるのは、重い病人や子供、老人に限られていた。

※⑥**5人までしか〝出勤〟できなかった**……この頃の浅草公園には物乞いが25人以上立つと、警察に取り締まられるとの不文律があったという。自分たちの仕事場を守るため、それぞれが調整し合ってローテーションを組んでいたのである。

※⑦**効率が悪かった**……「ケンタ」が定位置から大勢の人に語りかけられるのに対し、「ツブ」は路上で1人1人に声をかけるだけなので、どうしても稼ぎに差が出た。

小林多喜二はなぜ死んだのか？

【国家権力による思想弾圧の恐怖】

●国家による思想弾圧

これまで見てきたように、戦前の日本には、現代社会に通じる部分が数々あった。

しかし、なかには現代ではまったく理解不能な、絶対に受け入れることができないような野蛮な面も持ち合わせていた。わずか70年前、我々日本人はひどく理不尽なことを平気で行っていたのである。

戦前の日本には、検閲制度というものがあった。

第1章の「エログロナンセンスの時代」でも触れたが、ありとあらゆる表現は当局の監視下にあった。新聞や雑誌、書籍はもちろん、演劇や映画といった類まで、当局の監視の目は及んだ。

明治15（1871）年には、警視庁は劇場取締規則という検閲制度を作り、演劇を公演する場合は、その1週間前までに警察に脚本を提出し、許可を受けることとした。許可を受けた脚

検閲を受けた写真。機密上、不適当とされる箇所に×印がつけられている

本は、改変してはならず、そのチェックのために、劇場に警察官用の臨検席まで用意しなければならなかったのだ。

こうした検閲制度で、当局が特に目を光らせていたのが、〝革命〟や〝皇族や華族に対する批判〟に結びつくものだった。

この頃の世界では、ロシア革命などのように、民衆の主導で国家の形態が大きく変わるという出来事が起こっていた。いわば明治維新もそのひとつともいえ、間近で革命を体験していた分、当局も異常なまでに神経を尖らせていたのである。

たとえば、明治41（1908）年には、フランス映画『仏国大革命　ルイ十六世の末路』が警視庁によって上映中止を命じられた。そのため映画の興行師は無理やり筋書きを直して、ルイ16世を盗賊の親玉にして『北米奇譚・巌窟王』とタイト

ルを変え、強引に上映した。[※①]

また戦前は天皇や皇室を冒涜すると、不敬罪[※②]という罪に問われたため、俳優は天皇を演じることができなかった。日本の映画に初めて天皇が登場したのは、1951年の『源氏物語』でのことで、それも御簾の向こうの薄暗いところに座っているというだけのシーンだった。

●厳しさを増す当局の弾圧

当初の検閲制度は、それほど厳しいものではなかった。

明治時代中期には、各地で自由民権運動が巻き起こったが、そのときの雑誌類で発禁処分にされたものはほとんどなかった。

ところが明治末期から昭和にかけて、共産主義が世界的なブームになると、当局は体制批判者を情け容赦なく取り締まるようになった。言論封殺がまかり通るようになり、思想弾圧に発展していったのである。

『蟹工船』という本がある。富国強兵の旗印のもと、法の網の目を潜って船員に過酷な労働を強いた蟹工船の実態を余すことなく書いたルポルタージュである。この『蟹工船』の作者、小林多喜二[※③]は、言論弾圧によって抹殺された。その死に様は、まさに戦前の暗部を象徴するかのようなものだった。

小林多喜二は、昭和8（1933）年2月20日に、東京赤坂で逮捕されると、その日のうちに亡くなっている。報道発表の死因は、〝心臓麻痺〟だった。

しかし、実際の死因がそんなものでないことは、少しでも教養のある者なら皆分かっていた。遺体の検案に立ち会った作家の江口渙（かん）は、その時の様子を次のように残している。

「何という凄惨な有様であろうか。毛糸の腹巻の半分ほどに隠された下腹部から、左右の膝頭にかけて、下っ腹といわず、尻といわず、前も後もどこもかしこも、まるで墨とべにがらをいっしょにまぜて塗りつぶしたような、何ともいえないほどの陰惨な色で一面におおわれている。その上、よほど内出血があったと見えて、腿の皮膚がぱっちりハリ割れそうにふくれ上がっている」

小林多喜二

●プロレタリア文学の旗手、小林多喜二の死

小林多喜二は、小樽高等商業学校[※④]を卒業した後、銀行員をしていた。しかし、財閥や大企業による搾取を目の当たりにし、次第に共産主義にのめりこむようになった。

時の政府は、共産主義に対して、極めて厳しい態度で臨んだ。明治44年には、政治犯、思想犯の摘発を目的に、悪名高い特高警察[※⑤]が創設。また、大正14（1925）年には普通選挙法と引き換えに治安維持法が制定され、共産主義は非合法に認定された。共産主義者は、当局が恣意的に逮捕できるようになったのである。

しかし、小林多喜二は不屈の作家だった。昭和3（1928）年に、左翼活動家1600人が検挙された「三・一五事件[※⑥]」が勃発すると、小林は特高警察による壮絶な拷問の様子をリアルに描き、当局を憤慨させている。その筆鋒は衰えることなく、翌年には『蟹工船』『不在地主』などを発表。これらの活動が原因で銀行を首になると、小林は東京に住居を移して、在京の運動家たちと交流を持つようになる。

こうした小林の動きを警戒した警察は、翌年に大逆罪と治安維持法違反の疑いで、小林を逮捕、起訴する。小林はそれでもめげることなく、保釈後の昭和6（1931）年に、非合法組織であった日本共産党[※⑦]に入党し、以後は地下活動に没頭する。

しかし、昭和8年、悲劇的な最期が訪れる。小林は内偵中のスパイにおびき出され、東京の赤坂に行った。そこで待ち受けていた特高警察に逮捕され、激しい拷問の末、息を引き取ったのである。江口渙の『作家　小林多喜二の死』によれば、小林は寒中、丸裸にされ太いステッキでさんざん打ち据えられたという。

小林の遺体の解剖は、特高を恐れたためか、どの病院でも引き受けてもらえなかったといわ

れる。特高警察とは、それほど畏怖された存在だったのだ。[※8]
検閲や思想弾圧は、戦後、日本国憲法が制定されたことによって、その活動を停止した。よくマスコミの世界では、言論の自由を守る、ということが主張されている。言論の自由が守られていれば、多喜二のような悲劇は二度と起こることがない。言論の自由を守ることは、そうした国家の横暴を許さないことにもつながるからなのである。

【注釈】

※①**強引に上映**……当時は、まだ無声映画の時代。弁士が内容を説明するというスタイルだったため、弁士が語る筋書きさえ直せば上映することができた。とはいえ、フランス革命の様子を盗賊の子分の反乱にするというのはかなり大胆ではある。

※②**不敬罪**……かつて日本にあった罪状。天皇や皇族、神宮、皇陵（天皇の墓）を侮辱すると、最高で3月以上5年以下の懲役に処された。日本では昭和22年に削除されたが、タイや中東の国々などのように、今でも不敬罪がある国もある。

※③**小林多喜二**（1903〜1933）……日本のプロレタリア文学を代表する小説家。小樽高等商業学校に在学中から労働運動に関わる。卒業後は、銀行に職を得るが、三・一五事件を題材に『一九二八年三月一五日』を書き、特高に目を付けられる。その後、『不在地主』を発表し、特高からマークされたこ

とによって、銀行を辞職。東京に居を移し、本格的に左翼活動に身を投じる。旺盛な執筆活動を続けるも特高に検挙され、激しい拷問の末、命を落とした。

※④**小樽高等商業学校**……現在の国立小樽商科大学。多喜二の後輩には、作家の伊藤整がいた。

※⑤**特高警察**……戦前の日本で、反体制的な思想や言論、運動、宗教などを取り締まった特別高等警察の略称。軍警察である憲兵とともに、国民に恐れられた。

※⑥**三・一五事件**……昭和３（１９２８）年3月15日に起こった共産主義者や社会主義者の一斉検挙事件。全国で１６００名もの検挙者を出し、特高による激しい拷問が行われた。

※⑦**日本共産党**……大正11（１９２２）年に成立した、現在の国会で議席を得ている最も古い政党。資本主義の枠組みのなかで、対米従属と大企業の打破を目標に掲げている。警察の弾圧によって大正13年に解散するも、２年後に復活。多喜二が入党した頃は、非合法組織だった。

※⑧**畏怖された特高警察**……当初、特高警察は社会主義者や共産主義者を取り締まるためのものだったが、戦争が近づくにつれ、その対象を広げていき、最終的には反体制的なありとあらゆる勢力を取り締まりの対象にしていた。

【資本家VS労働者の戦いが勃発！】

立ち上がる労働者たち

●労働者と資本家の激しい戦い

戦前は、国民の権利が制限されていたために、労働者たちは資本家の意のままに操られていたと思っている人もいるのではないだろうか。

しかし、戦前は、戦後以上に労働運動が激しかったのである。

明治10年代、すでにストライキは始まっている。

初期のストライキで有名なものは、高島炭鉱、三池炭鉱、佐渡鉱山の暴動、甲府雨宮製糸女工スト、大阪天満紡績ストなどである。しかし、これらは一時的に発生したもので、組合などもなかった。

労働運動が組織化するのは、明治30（1897）年に片山潜(せん)※①、高野房太郎らによって職工義勇会が結成されてからである。その後、労働運動は急速に盛り上がったが、明治33（1900）

年に、労働運動を鎮圧するための法律「治安警察法」[※②]が公布されると、その勢いを失っていくことになる。

一時下火になった労働運動は、第一次大戦後の大正デモクラシー、ロシア革命とともに再び興隆し、大正10（1921）年には、当時最大の組織だった日本労働総同盟は、10万人の組合員を数えるまでにまで膨脹していた。その後も、労働運動が熱を帯び、昭和6（1931）年には、組織率7・9％、組合員数は合計で37万人に達した[※③]。

またこの年は、ストライキなどの労働争議が2456件も行われた。現代では、年間労働争議の件数は1000件以下なので、当時は2倍以上ものストライキが行われていたことになる。

労働争議は、当時隆盛を極めた紡績会社を中心に、製造業や小売業、サービス業といった分野でも頻発していた。

変わったところでは、昭和7（1932）年に、大相撲[※④]の力士たちが待遇改善を求めてストを行っている。翌年には、松竹少女歌劇団も団員の退団に抗議し、ターキーこと水の江瀧子を団長にストを決行したこともあった。

戦前の労働争議は、現在とは比べものにならないほど激しかった。

労働者側は職場に立てこもったり、市中をデモ行進したりし、工場設備などを破壊することもあった。企業側も、右翼団体を雇って威嚇したり、警官隊を突入させたりした。

大日本紡績橋場工場のスト。昭和２年、女工 3000 人が待遇改善を求めて団結した

たとえば昭和５（１９３０）年９月、東洋モスリン亀戸工場で起きた洋モス争議※⑤では、白鉢巻に赤いたすき姿の女工たち２５００人が工場を占拠。会社は右翼系の暴力団や警官隊を突入させるが、女工たちは目つぶし、竹槍、糞尿などで対抗した。

同じ年に起きた富士紡績のストでは、神奈川合同労組の田辺潔が、工場内の37メートルの大煙突によじのぼったまま、※⑥１３０時間も降りてこなかった。昭和７年の多木製肥所争議では、警官隊との衝突で死者が２名も出ている。

その過激さは、当時の労働者が作ったポスターを見てもわかる。「仲門町に血の雨が降る」「全市民の敵社長○○を葬れ!!」など、凄まじい文言が並んでいるのだ。

しかし、大正14（１９２５）年に、治安警察法を拡大した治安維持法が公布され、取り締まりが強まると、労働組合は内部分裂を繰り返し、運動は急速に沈静化した。

国も取り締まるだけではなく、労働者の不満をくみ、労働環境の法的な整備に取り組み始めた。１９００年前後、労働者の平均的な勤務時間は、繊維業界で1日あたり12〜13時間だった。これが明治44（１９１１）年に工場法が制定されると、平均労働時間は10時間程度、1時間の休憩が取れるようになった。また昭和４（１９２９）年には、女性の深夜労働も禁止されている。

これらは現代の常識（8時間労働）から見れば、かなり不十分のように見える。しかし世界的に見ても、まだ労働者の権利というのは確立される途中だったのである。

●丁稚奉公という雇用制度〜岩波書店のストライキ〜

戦前の日本は、「サラリーマン」という新しい雇用形態が広がりつつあった時期だが、その一方で江戸時代から続くいわゆる「丁稚奉公」と呼ばれる雇用形態も根強く存在していた。戦前は新旧の雇用形態が混在していた社会なのである。

丁稚奉公というのは、テレビドラマ『おしん』[※⑦]などに見られるような、住みこみで下働きをする少年少女たちのことである。

子供を丁稚奉公に行かせると、口減らしになり、親は現金収入も得ることができる。対象になったのは、小学校卒の12歳くらいから、高等小学校を卒業する14歳くらいの少年少女だったが、明治時代には、『おしん』さながら、7、8歳で行かされるケースもあった。

丁稚奉公の労働契約は、一種の身売りのようなもので、まず実家が2、300円の前払いの報酬を受けとり、子供は2～3年はほとんど無報酬で働く。この年季があけると、1年間はお礼奉公といって無報酬で働き、その後やっと報酬をもらえるようになる。丁稚の中には、親方に気に入られて、独り立ちする者もいた。

仕事はハードで、まだ外が暗い3、4時に起床。掃除や洗濯などの雑用を一通りこなした後、仕事の手伝い。小僧さんはタビを履かない決まりだったので、みな足がアカギレになっていた。

そんな小僧さんたちの楽しみは、年に2回の里帰りだった。

丁稚奉公をする小僧さん

1月16日と7月16日の年2回だけ、彼らは里帰りすることが許され、若干の小遣いももらえた。この時期のことは薮入りと飛ばれる。

商店では、丁稚奉公は江戸時代から続く雇用制度で、日本の社会に深く根づいたものだったが、すでに時代にそぐわなくなっていた。丁稚奉公は家庭的といえば聞こえはいいが、実態は著しく悪い待遇で過酷な労働を強いるものだったからだ。

ご飯が食べられるだけで幸せだった江戸時代ならば我慢できただろうが、社会がそれなりに豊かになると、制度自体が成立しなくなってくる。おりしも世界では、社会主義、共産主義の嵐が吹き荒れていた。労働者の権利や同盟罷業（どうめいひぎょう）（ストライキのこと）といった話は、丁稚奉公の小僧さんでも知っているのである。

昭和初期には、興味深い事件が起きている。

新書や広辞苑といった学術系の書籍で有名な、岩波書店という老舗出版社がある。かつてその岩波書店が、丁稚奉公の少年店員らによって労働争議を起こされたのである。

昭和３（１９２８）年３月12日、岩波書店の少年店員80名と、その向かいにあった巌松堂（がんしょうどう）という書店の少年店員42名がストライキを決行した。巌松堂の小僧さんが店で年長の従業員に殴られたことを発端に、少年店員たちが団結し、※⑧封建的な雇用制度の改善を書店側に突きつけたのである。

岩波書店、巌松堂の少年店員の要求は、

・臨時雇用制度の廃止
・給料の増額
・時間外手当の支給

・寄宿舎の改善
・退職手当、解雇手当の制定
・店員を殴った者を解雇すること
・〝どん〟づけで呼ばないこと
・玄米飯をやめること
・畳1畳ではなく、2畳に1人の宿舎にすること
・8時間労働制にすること
・月3回の休日を与えること

などだった。こうした要求がされたということは、この当時の小僧さんは、1人あたりの住居スペースが1畳しかなく、食事も玄米飯で、月に休みが3回もなかったということだろう。※⑨
この事件は新聞でも大きく取り上げられ、社会問題にもなった。
ストライキから5日後の3月17日、両書店は少年店員側の要求を受け入れることにした。小僧さんたちは、勝利を収めたのである。江戸時代から200年以上の伝統を持った丁稚奉公は、戦後にGHQらによって労働法規が整備されたことや、義務教育期間の延長などによって、消滅。丁稚奉公を雇っていた商店などは、その後、きちんとした雇用契約を結び直したという。

【注釈】

※①**片山潜**（１８５９～１９３３）……社会運動家。明治維新間もない頃、渡米し、苦学してイエール大学で社会学を修める。日本初の労働組合とされる「労働組合期成会」の設立や日本社会党の結党に大きな役割を果たす。その後、党員と意見が合わずアメリカに亡命。活動を続け、ソ連に招かれ共産党の幹部となる。昭和８年、モスクワで死去。

※②**治安警察法**……明治33年に施行された法律。当時、高まりつつあった労働運動を規制するために、それまであった「集会及政社法」を改編して作られた。戦後、ＧＨＱの指示によって廃止された。

※③**戦前の組合員数**……戦前の労働組合の組合員のピークは、昭和11（１９３６）年で42万人。

※④**大相撲力士団のスト**……待遇改善10ヶ条を相撲協会に要求し、関脇天龍を中心にした力士団が大井町の料理屋「春秋園」に立てこもった。当時、関脇の月収は70円弱で平均的サラリーマンよりも安かった。力士団は、相撲協会の回答に不満を抱き、協会を脱退し大日本新興力士団を旗揚げしたが、時局悪化の折、昭和12年に解散した。

※⑤**洋モス争議**……昭和５（１９３０）年９月、紡績会社東洋モスリンが業績不振を理由に亀戸工場の一部を閉鎖。５００名の解雇を発表した。それに対して女工たち２５００人が、全国労働組合同盟の指導でストを決行。会社側は女工たちの父母に連絡を取り、引き取りに来てもらうなどの処置をとり、また退職者には１月分の特別手当を払うことで、２ヶ月後にようやく解決した。

※⑥**１３０時間も降りてこなかった**……賃下げに反対し、富士紡績の工員十数名がストを決行。会社

側は当初、中心組合員の22人を解雇したが、神奈川合同労組から応援にきていた田辺が煙突に登り抗議。工場近くの東海道本線を、天皇を乗せた列車が通過する予定があったため、会社側が折れ、当時としては珍しく労働側の全面的な勝利に終わった。

※⑦**おしん**……昭和58（1983）年から1年間にわたってNHKで放送されたテレビドラマ。明治生まれの女性おしんの貧困と努力の一代記で平均視聴率52・6％を記録。各国でも、軒並み大ヒットした。中東などに行くと日本人女性が非常に人気があるが、この「おしん」の影響もあるという。

※⑧**封建的な雇用制度**……当時は、丁稚奉公は「農家の口減らし」と考えられていたため、食事を出せば、後は小遣い程度で充分と思っていた雇い主も多かった。昭和初期まで、食事代を差し引けば、月給の残りは5、6円（現在でいえば1万円ぐらい）などということもあった。

※⑨**小僧さんの待遇**……岩波書店は、ストライキをした少年店員が80人もいたことからわかるように、当時も比較的大きな商店だった。大きな商店ほど待遇がいいというのは、今も昔も変わらないので、当時のほとんどの丁稚奉公は岩波書店以下の待遇だったということがいえるだろう。

戦前の逸話 其の31

【思想弾圧は宗教にも及ぶ】

国家に弾圧された「大本教」

●戦前もあった新興宗教ブーム

あまり知られてはいないが、現代の日本社会で強い影響力を持つ宗教団体の多くは、戦前期に設立されたものである。たとえば、幕末から明治にかけて、金光教（こんこうきょう）や神道本局、神理教、天理教、大本教といった教団が勃興し、大正から昭和初期にかけてはひとのみち教団（現・ＰＬ教団）、霊友会、世界救世教、生長の家、立正佼成会、創価学会といった団体が生まれている。

戦前の日本は、まさに〝宗教の時代〟を迎えていたのだ。

それでは、なぜ戦前期の日本には、これほど多くの教団が乱立したのだろうか。

当時の日本の国民は、内なる脅威と戦争に常に脅かされていた。明治から昭和にかけては、日清戦争、日露戦争、第一次世界大戦と10年ごとに大規模な戦争が勃発しており、人々はみな戦争の脅威に怯えていた。また、国内の経済格差ははなはだしく、財閥の長など数百億円の年収を誇る者もいれば、一食もまともにとれない貧民がゴロゴロしていた。そうした人々の悩みや苦しみに応えたのが、新興宗教だったとも考えられる。

しかし、すべての新宗教がすんなりと国家に受け入れられたわけではなかった。

オウム真理教の事件などが記憶に新しい現在では、新興宗教と聞くとあまりいいイメージを抱かない人も多いかと思うが、戦前も似たような状況だった。新宗教の多くは異端視され、弾圧されることが多かったのである。そのなかでも、日本の戦前史において特に敵視された団体があった。その団体の名は、大本教※①である。

大本教の聖祖、出口王仁三郎

●大本教の成立

大本教が成立したのは、明治31（1898）年の頃だといわれている。

開祖は出口なおという女性である。

出口なおは、明治25（1892）年の2月、55歳の時に神がかり※②になったのをきっかけに、近隣の住民などを相手に祈祷などを行うようになった。

祈祷は、当時の近代医学が未発達だった日本では、その効能が民間で広く信じられていたことで、祈祷師は、病気の治癒や雨乞い、ときには憑いたキツネを祓うといったことまでしていた。当初は、出口なおもそうした祈祷師の一種に過ぎなかったと思われる。

それが劇的に変わったのは、上田喜三郎と出会ってからだった。

幼い頃から霊的な事柄に興味があったという喜三郎は、出口なおに出会い、常人ならざる力に感銘を受けたといわれている。そして、その教えを広めるべく、喜三郎は布教の拡大に尽力し、みるみるうちに教団を巨大な組織に作り上げていったのだ。

喜三郎は明治33（1900）年に、出口なおの末娘と結婚し、出口王仁三郎[※③]と名乗るようになる。彼は宣伝マンとしても非常に有能で、教団の発展のために現代にも通じるような様々なアイディアを実行した。王仁三郎は、『神霊界』という機関紙や『綾部新聞』といった新聞を発行し、教団の広報に努め、「神がかりの修行が実践できる」とアピールした。これらは大きな効果を生み、信者の数はうなぎのぼりに増加。大本教は急激に力をつけていった。

勢いに乗る大本教は、集まったお布施をもとに、金龍閣や黄金閣といった瀟洒な教団施設を建設した。また、大正8（1919）年には、[※④]亀山城を買収、翌年には大阪の有力紙、大正日日新聞を買収し、言論活動に乗り出した。

●戦前の宗教弾圧「大本事件」

拡大を続ける大本教では、一部の者から「根本的な社会変革」を主張する声が聞かれるようになった。反体制勢力にあたるとして警戒を強めた当局は、大正10（1921）年2月12日、出口王仁三郎と教団幹部の検挙に踏み切った。罪状は不敬罪と新聞紙法違反だった。

警察は、王仁三郎ら教団幹部を厳しく追及した。また綾部にあった教団本部も警察の手によって壊滅させられた。裁判は大審院[※⑤]まで争われたが、大正天皇の崩御にともない、免訴になっている（第一次大本事件）。

司直の手を逃れた王仁三郎は、免訴される前後から次第に急進的な活動に力を注ぐようになった。右翼の大物である頭山満らと交流を持つようになり、昭和神聖会を結成。当時流行していた「昭和維新[※⑥]」を標榜し、会員に軍事訓練などを施すようになった。

この行動は、警察を大いに刺激した。そして昭和10（1935）年12月8日、警官隊500名が綾瀬と亀山

第二次大本事件後、編笠をかぶって出廷する王仁三郎ほか教団幹部

の教団本部に突入。王仁三郎は、布教先で不敬罪と治安維持法違反の疑いで検挙された[※7]（第二次大本事件）。

当局の激しさは、第一次大本事件の比ではなかった。捜査は教団の支部にも及び、60名を超える検挙者が出た。取調べも苛烈で、16名が拷問により死亡している。また、教団の聖典になっていた王仁三郎の『霊界物語』など一連の著作物は発禁処分が下され、綾瀬や亀山の教団施設は跡形もなく破壊。その他の施設も競売にかけられ処分されている。

裁判は逮捕から3年後に始まり、激しい法廷闘争が繰り広げられた。弁護団の奮闘もあり、治安維持法については第二審で無罪の判決が下った。不敬罪に関してはその後も争われ、結果的に、昭和20（１９４５）年の敗戦に伴う特赦令で無効となったが有罪判決が出されている。

当局の対応がここまで苛烈を極めたのは、当時の世相も影響していた。

第二次大本事件の前後には、「昭和維新」を実現するための実力行使である五・一五事件や二・二六事件が勃発している。大本教は当時の右翼系テロ組織とはそれほど深いつながりはなかったというが、当局の目にはたんなる宗教団体としてではなく、ひとつの政治団体、それも信仰という並外れた力で結束した強大な不穏分子として映ったのだろう。

大本教は、その後も活動を続けたが、昭和23年に王仁三郎が亡くなってから、教団は分裂を繰り返し、規模は縮小することになった。

【注釈】

※①**大本教**……本来は大本教ではなく、「大本」が正しい。しかし、本稿では便宜上、大本教の表記を使うことにする。

※②**神がかり**……一種のトランス状態。出口なおの場合は、大声で叫ぶなどの奇行に加えて、「おふでさき」などと称された自動書記（自分の意思とは無関係に物事を書き記す）も表れたという。

※③**出口王仁三郎**（1871～1948）……大本教の聖師。実質的な教祖。大正7（1918）年になおが亡くなると、教団の実権を握り、戦前最大の新興宗教となるまで発展させた。大本事件の追及が止んだ戦後は、陶芸などの創作活動に没頭した。

※④**亀山城**……現在の京都府亀岡市にあった城。明智光秀によって築城された。現在でも大本の本部が置かれている。

※⑤**大審院**……当時最高の司法裁判所。現在でいうところの最高裁判所にあたる。

※⑥**昭和維新**……明治維新の精神の復古や天皇親政を唱えた革新的な思想。五・一五事件や二・二六事件はこの思想から決行された。

※⑦**治安維持法**……大正14（1925）年に施行された法律。天皇制や私有財産制に反対する勢力を取り締まるために設けられた。その後、法律は対象を拡大。官憲による恣意的な逮捕が横行した。

【豊かな生活を夢見た開拓者】

海を渡った移民たち

●移民たちの時代

戦前の日本には、国を捨て海の向こうに生活の場を求める者たちがいた。

彼らが向かったのは、ハワイやアメリカ大陸で、なかでも移住先としてよく選ばれたブラジルには、約100万人の日本人が移民として渡ったといわれている。※①

海外への移民は、国が奨励していた事業だった。移民事業は、日本で充分な暮らしを送ることができない人々を送り出す「口減らし」になるとともに、外貨獲得の手段にもなる。現在の後進国が出稼ぎを奨励するのと同じ原理である。

数々の戦争に勝利し、植民地を手に入れ、一等国の仲間入りをしたつもりでいた日本だったが、その一方で、外貨獲得のために国民を世界各地に出稼ぎに行かせていた。このアンバランスさこそが、戦前の象徴だともいえる。

日本の移民の歴史は古く、明治維新直後には、早くも最初の移民団がハワイに向けて出発している。移民団は141名で、そのうち女性は6名、子供は1名だった。彼らは3年の労働契約でハワイの農場で働くことになっていた。当時のハワイは、アメリカによる開発が始まったばかりで、労働力が不足していた。同地は、それ以降も日本人の主要な移民先となり、昭和16（1941）年までに23万人が押し寄せた。ハワイに日系人が多いのは、このためなのである。

その後、移民先はハワイだけに留まらず、前述のアメリカ大陸やフィリピン、オーストラリアなどに拡大していった。

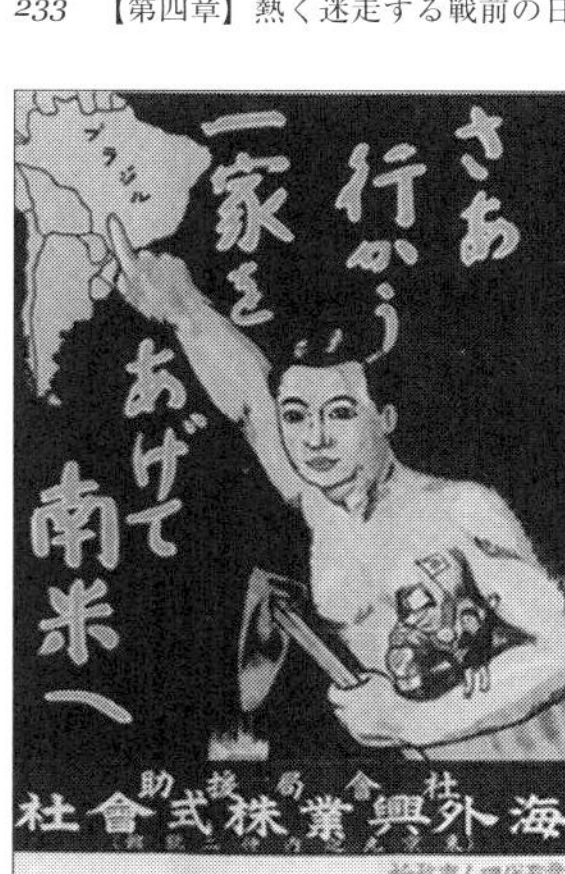

移民を推進する昭和初期のポスター

当時の日本人は、非常に勤勉で、どの地に行っても懸命に働いた。そうして得た金は、本国に仕送りしたり、貯めて農地を購入したり、商売をはじめたりした。そのため、他国の移民のようにギャンブルで身を持ち崩したり、闇社会に沈んでいくようなことはほとんどなかったといわれる。

アメリカでは、※②移民たちによる犯罪集団がしばしば生まれているが、日本人移民によるギャング団というのは、ほとんど見られなかった。

しかし、日本人移民たちはその勤勉さと閉鎖性

が災いして、現地の人々からはあまりよく思われていなかった。「移民が多すぎる」「日本の移民は移民先の社会になじんでいない」などの理由で、移民先から排斥を受けはじめたのだ。

そのため、国によっては日本人移民の受け入れを拒否するところも出てくるようになった。たとえば、オーストラリアは、明治31（1898）年の時点で日本人の入国を禁止。主要な受入国であったアメリカでも、日本人移民に対する感情は悪化していた。

明治41（1908）年には、日米間で紳士協定[※③]が結ばれ、日本はハワイの移民がアメリカ本土にいく場合、旅券を発行しないことになり、アメリカ本土にいる移民も家族しか呼び寄せることができなくなった。知人を呼ぶという名目で移民させるケースが多かったからである。

そのため、アメリカに働きに出た若者の間で、結婚相手[※④]が著しく不足することになった。当時のアメリカ在住の日本人の男女比は5：1だったが、適齢期の未婚の男女比だと200：1などという状況だった。

その結果、写真の交換だけで結婚を決める「写真花嫁」が急増した。紳士協定では親族に限って呼び寄せていいことになっていたので、写真を見ただけの女性を結婚相手として呼んだのだ。その数は[※⑤]2万人にも上るとされる。

●移民のたどった過酷な運命

その後、アメリカでの日本人移民の立場は悪化の一途をたどった。

大正2（1913）年には、カリフォルニア州で日本人による農地売買が禁止され、1920年代になるとワシントン州やテキサス州などでも同様の措置がとられるようになった。大正13年には「排日移民法」[※6]が制定された。内容は、日本からの移民を大幅制限するもので、日本人の反米感情を煽ることになった。

そして、第二次世界大戦がはじまると、日本人移民の多くは苦しい立場に追い込まれることになった。日本はドイツとイタリアを除く、ほとんどの欧米諸国と戦争状態に突入したため、海外にいる日本人移民は現地で敵国人として扱われることになったのだ。

サトウキビ畑で働くハワイの日本人移民

アメリカやキューバ、メキシコでは、あわせて12万人の日系移民が強制収容所に入れられた。
またブラジルでは、日本人街ができていた大都市サンパウロで、日系人の居住が許されなくなった。そのため、ブラジル日系移民の大部分は、ブラジル南部奥地のアリアンサ、バストス、チエテ、アサイといった日本人開拓地に行き場を求めた。
このアマゾン奥地の日系ブラジル社会は、第二次大戦後、大きな混乱をきたすことになる。都心部から遠く離れており、情報があまり入ってこなかったことが災いして、日本の敗戦を信じることができなかったのである。

そのため、戦後間もない頃の日系ブラジル人社会では、日本の敗戦を信じない「勝ち組」と、日本の敗戦を受け入れる「負け組」の、ふたつのグループが生まれ、互いに反目し合い、ときには血なまぐさい暴力事件※⑦に及ぶことまであった。その後、時間が経って情報が入ってくるようになったことで、日本の負けを信じない「勝ち組」も事実を悟り、両者の争いは収束した。だが、この対立は日系ブラジル人社会に大きな禍根を残すことになったのである。

また、日本人移民の子孫の中には、志願して大戦に飛び込んでいく者たちもいた。戦時中、日系人たちが中心となって編成された、第442連隊戦闘団という部隊があった。同部隊は非常に勇敢で、ヨーロッパ戦線の中でも特に激しい戦地に投入され、死傷率延べ314％という死傷者を出しながら奮戦。アメリカ史上、もっとも多くの勲章を受けた。こうした努力もあって、戦後、日系人の地位は模範的な移民として次第に認められるようになっていく。第422連隊からは、2人のハワイ州選出上院議員が生まれている。

【注釈】

※①**有名なブラジル移民**……「燃える闘魂」のプロレスラー、アントニオ猪木も戦後、13歳の時にブラジル移住を経験している。

※②**移民たちの犯罪集団**……アメリカでは、職にあぶれた移民たちによってギャング集団が形成されてきた。アル・カポネなどで有名なマフィアももともとは移民のギャング集団が母体になっている。

※③**日米紳士協定**……日露戦争に勝利した日本は、対外的には先進国の仲間入りをしていた。アメリカは日本の顔を立て、「移民拒否」ではなく、日本に自発的に移民を制限するよう要求したのだ。

※④**結婚相手が著しく不足**……当時のアメリカでは、人種間の問題があり、日本人がアメリカ人と結婚することなど考えられなかった。そのため、日本人は日本人と結婚するしかなかったのである。

※⑤**2万人の写真花嫁**……写真結婚で移民する女性は、米国文化や英語がまったくわからないことが多かったので、渡航する女性のための無料の講習会も開かれていた。そこには寄宿舎も併設されていたが、いつも満員だったという。

※⑥**カリフォルニア州の排日法**……1913年、カリフォルニアで帰化権のない者への土地所有禁止法が可決された。が、実際には会社名義にしたり、米国籍を持つ子供名義にすれば、土地所有は可能という抜け穴があった。市民の排日感情を抑えるために、かたちばかりの法律を作ったのだ。

※⑦**血なまぐさい暴力事件に及ぶ**……1946年3月には、「負け組」のリーダー格の自宅に届けられた小包が爆発、1名が死亡した。同じ年の7月には爆弾事件が17件も発生し、10名が死亡。当時、「勝ち組」と「負け組」の間では、2日に1度の割合で何らかの暴力事件が発生していたといわれる。

【やはり戦争には行きたくなかった】

徴兵制度と徴兵逃れ

●戦争に行きたくない男たち

戦前の日本というとガチガチの「軍国主義」国家であり、「戦争に行きたくない」とは口が裂けてもいえなかったイメージがある。

しかし、それはあくまで表面的なことである。

当時も、できれば戦争には行きたくない、と思っている者は多かったのだ。

戦前の日本では、男子は20歳になると、必ず徴兵検査を受けなければならなかった。

検査では、体格や持病の有無などによって被験者を甲、乙、丙、丁、戊の5つに格づけした。甲は、体格面、健康面ともに問題なく、すぐにでも入隊可能な者で、戊は重大な病気がある入隊不適格者だった。

検査会場では、被験者の家族も多く集まった。なかには、結果を心配するあまり、塀に穴をあけて覗き見したり、門をよじ登って中を見ようとする者もいたという。

本音をいえば、だれも戦争には行きたくなかったし、また、家族も行かせたくなかったのである。そのため、なかには徴兵制度の盲点をつき、兵役から逃げる者もいた。いわゆる、徴兵忌避者※①である。

●徴兵忌避のテクニック—合法編—

それでは、徴兵忌避者たちは、どのような手を使って兵役を逃れていたのか。

その方法には、合法的な手段と非合法的な手段の2種類がある。

まずは、合法的な手段について紹介しよう。

徴兵制度がはじまった当初は、金さえ払えば、戦争に行かずに済んだ。270円（現在の価値で約270万円）の免除料を支払えば、徴兵されなかったのだ。だが、この制度は、金持ちを優遇するものだとして批判が殺到し、明治16年の法改正で廃止になった。その間、この制度を利用して徴兵を逃れた者は、約2000人にのぼった。

金で解決できなくなった後は、養子縁組を使った方法が流行した。

当時の徴兵制度では、一家の長は徴兵免除という特例があった。そのため、徴兵されそうになると、男子のいない家に養子に行ったり、また、形ばかりの家を作って長にすえるといったことが頻発した。明治9年から同16年までの養子縁組の件数は、約9万件。あまりに数が多かったため、明治22年の改正で、一家の長の兵役免除はなくなり、この方法も使えなくなった。

そうしたなかでも、長く使えたのが、学歴を使ったテクニックだった。

徴兵令では、中学校を卒業し、文部省が指定する高校や大学、専門学校などに進学している場合は、26歳までは徴兵を免除するという決まりがあった。

満州事変[※②]が勃発した昭和6（1931）年、徴兵猶予となった学生は約8万人、その3年後には過去最高の約9万人が徴兵猶予となっている。当初、学生の徴兵免除は、官立学校だけが対象の予定だったが、私学が猛反発したため、文部省が認めた私学にもその範囲を広めることになった。その結果、徴兵猶予が認められた私学には、受験者が殺到。しかし、戦争が激化するにつれ、この制度は廃止され、理工医の一部を除き、学生はみな戦争に駆り出されていった。[※③]

その他では、海外逃避という方法もあった。

当時の徴兵制度では、海外留学者や海外勤務者の徴兵は免除されていた。これは、明治以来、「外国に学ぶ」ことを国是としてきた政府が、より多くの若者を外国に学ばせようとして設けた制度だった。陸軍の統計によると、国外にいたため徴兵延期になった者は、昭和元年で約3万7000人、満州事変直後の昭和7年で約4万5000人、昭和11年になると約5万4000人にまで増えていた。

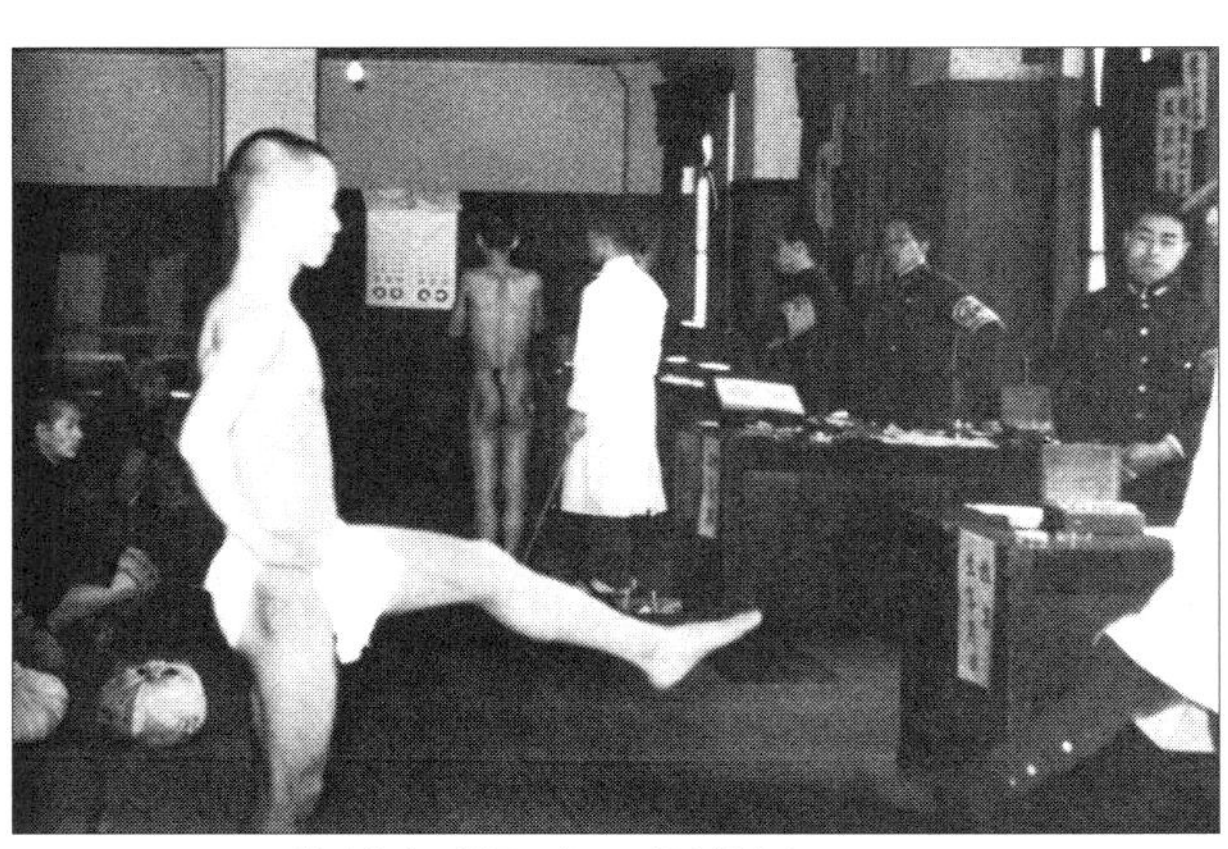

徴兵検査の様子。奥では視力検査をしている

また、北海道や沖縄に行くという方法もあった。当時の北海道や沖縄では、労働力を確保する必要から徴兵を行っていなかった。そのため、本籍地を北海道や沖縄に移せば、徴兵から逃れることができたのである。夏目漱石も、徴兵を避けるために本籍地を北海道にしていたという。

その他、少しグレーな方法にはなるが、コネを使って徴兵を逃れるという方法もあった。たとえば、映画監督の黒澤明は、徴兵検査の担当官がたまたま父親の教え子だった。そのため、彼は徴兵を免れている。

●徴兵忌避のテクニック―非合法編―

非合法な手段には、それこそ無数の方法があった。国民はありとあらゆる手段を使って、徴兵を逃れていたのである。

まず、もっともシンプルな手段は、逃亡である。これは〝行方不明者〟にならなくてはいけないため、社会生活上[※④]、大きな制約を受けることになった。それでも「兵隊に行くよりはマシ」ということで、この方法をとる者が絶えなかった。

当時の調査によれば、徴兵検査の対象者のうち、毎年[※⑤]2000人前後が行方不明になっていたという。変わった例では、死亡届まで出して地下に潜伏したケースもあった。行方不明者は北海道で開拓民になったり、工事現場に紛れ込んだりしていたようだ。ある行方不明者の手記によると、工事現場の飯場には、100人中4、5人の懲役忌避者がいたという。

また、より極端な方法に「犯罪を起こす」というものもあった。

徴兵令では「6年以上の懲役、禁錮を受けた者は徴兵しない」決まりだった。そこで、わざと犯罪を起こして刑務所に入ろうというのである。具体的なデータがないため詳細は不明だが、満州事変以降、国内では刑期6年前後の犯罪が急増している。そのなかには犯罪忌避者が相当数ふくまれているのではないかと推測できる。

その他では、自傷という方法もあった。

徴兵検査の体格、健康面で不合格になるために、あえて自分の身体を傷つけるのである。具体的な方法としては、目を突く、指や手を切る、足を折る、精神病を装うなど。また、体重を急激に減らしてみたり、検査前に醤油を一気飲みして心臓障害を起こすという方法もあった[※⑥]。

これらの非合法な徴兵忌避は、戦争が泥沼化するにつれ、難しくなっていった。在郷軍人会[※7]や青年団、特高警察といった監視の目が厳しくなり、逃げることができなくなったのである。

それでも昭和5年の検査では、約60万人中、438人が身体毀傷や病疾詐称で摘発されている。これは不正が発覚した人数なので、うまく逃れることができた者も含めれば、かなりの数になっただろうと思われる。

大正7年の帝国議会で、文部次官の田所美治（よしはる）が興味深い発言をしている。

　身長も年々少しずつは増してくる、また体重も少しずつ増してくる、胸囲も少しずつ増してくる、男女を通じましてこれが一〇年間にほとんど例外なしに少しではありますけれども、増加しつつあるような状況であります。(中略)

　それならばそれがためにどういうわけで、徴兵の時分にそういう反対の結果を生じつつあるかということは、これはいろいろまた教育以外の点からも、調査いたさなければならぬと存じております。

日本人の体格は年々よくなっている。しかし、なぜか徴兵検査になると逆の結果が出る、と言っているのだ。実際、この発言があった頃には、調査の度に毎年70グラムほど調査対象者の平均体重が落ちている。文部次官は徴兵検査を受ける者が何らかの不正をしているのではないか、と暗に指摘しているのである。

勇ましいイメージがある戦前の日本人だが、やはり戦争[※⑧]には行きたくなかったというのが本音だったのかもしれない。すべての、とはいわないが、ここで紹介した姿こそ、戦前の日本人の真の姿だったのではないだろうか。

【注釈】

※①**徴兵忌避**……当時は徴兵は国民の義務だった。そのため、故意に徴兵を忌避すれば、3年以下の懲役に処されることになっていた。

※②**満州事変**……昭和6年に起こった関東軍（大日本帝国陸軍）と中華民国軍との間の戦闘。関東軍は、中華民国の仕業に見せかけ南満州鉄道を爆破。戦争をしかけると、関東軍は僅か5ヶ月で満州（現中国東北部）の全域を占領。傀儡政権の皇帝溥儀を擁立し、満州の間接的な支配がはじまった。この一件で日本と世界との関係は急速に悪化。内政でも軍部の台頭を招き、日本は破滅の道をひた走ることになる。

※③**学徒出陣**……昭和18年10月2日、戦局の悪化に伴い、東條内閣は在学徴集延期臨時特例を公布し、文系の学生は在学中であっても徴兵されることになった。いわゆる「学徒動員」である。同年の10月21日

には、東條首相らも出席して神宮外苑競技場で出陣学徒壮行会が開かれた。

※④**社会生活上、大きな制約を受ける**……いわゆる、死んだ状態のため、公的な身分証明書などを作ることができないなど。

※⑤**毎年2000人前後が行方不明**……戦争末期になると「空襲で行方不明になった」ように装う方法も頻発した。アメリカ軍は、空襲をする前、空襲予定地を載せたビラを散布することがあった。そのビラを情報源にして、空襲時刻にその地に行ったように装うのである。

※⑥**その他の懲役忌避手段**……山本七平氏の著書『私の中の日本軍』では、「アルミの弁当箱を油トイシですりおろして、徴兵検査の朝、鎖骨と肩の間のくぼみにすりこむ」、「検査の前々日にツベルクリンの注射をしてその朝にナマズの生き血を飲む」といった民間療法のようなテクニックが紹介されている。

※⑦**在郷軍人会**……退役したり、兵役を終えた軍人の互助団体。傷痍軍人や軍人遺族のための福祉活動が主な目的で設立されたが、元軍人の親睦会的な意味も持つようになり、また地域の徴兵、召集の支援もしていた。

※⑧**戦争には行きたくなかったというのが本音**……戦時中の様子などを描いた小説などでは、登場人物が兵隊にとられそうになると、しばしば思い悩む場面が出てくる。それは特別なことではなく、おそらく、誰もがそうした思いを持っていたはずである。

消滅した巨大都市

【戦後、忽然と姿を消した幻の都】

●今はなき、幻の都

東京都には、多摩という地域がある。奥深い山々や澄んだ清流など、豊かな自然を有している、一見、東京とは思えないほど穏やかな景勝地である。

この多摩が戦前、全国でも有数の巨大都市だったと聞いて、信じられるだろうか？

戦前の多摩には、約6万の人口がいた。また、多摩に働きにくる者も多く、約23万という労働人口を擁していた。戦前、20万もの労働人口がいる都市というのは稀な存在である。

では、この戦前の多摩には一体なにがあったのか？

実は、多摩は「軍都」だったのである。

軍都とは、軍事関連の施設や学校、工場などを中心に作られた街のことを指す。戦前は国を挙げて軍事産業に取り組んでいたため、工場や施設では仕事が溢れている。そこに自然と人々

皇紀 2601（1941）年の年始を祝う、中島飛行機武蔵野製作所

が集まり、街が形成されたのである。

戦前の多摩を含めた武蔵野地域には、数々の軍事施設があった。

代表的なものでは、陸軍航空士官学校や傷痍軍人東京療養所、多摩陸軍技術研究所。軍用飛行場もあり、当時の日本最大の航空機メーカー、※①中島飛行機の武蔵野製作所もあった。街には住民や働きにくる労働者のために飲食店や商店が並び、学校、病院が作られ、遊郭まであった。

つまり、戦前の多摩地域は軍用の厳つい建物が立ち並び、上空では航空機がひっきりなしに飛び交うような、軍人や労働者で溢れかえった活気のある街だったのである。

●ほかにもあった軍都

戦前には、そうした「軍都」と呼ばれる都市がたくさんあった。

市川や豊橋のように陸軍の師団や連隊が置かれていた都市、横須賀や呉のように海軍の軍港があった都市、そして多摩のように飛行場や航空関連の施設があった都市である。

戦前、日本は世界でも有数の軍事大国であり、少ない時でも国家予算の30％、多い時では80％以上が軍事費で占められていた。[※②] この巨額の軍事費は、軍艦、飛行機等の製造費、軍人の給料などに充てられたわけだが、結果的にそのお金の多くは軍都に落ちることになる。つまり軍都はお金の集積地でもあったのだ。

そのお金をあてにして、また多くの人々がやってくる。人口の増加に伴い学校や病院、商業施設なども発達する。そうやって軍都は、独特の栄え方をしてきた。

ところが、その栄華にも敗戦と同時に終わりがくる。戦争が終われば、軍事施設は用を成さなくなる。施設の廃止や取り壊しによって、軍都の多くは寂れていったのだ。

多摩には、[※③]所沢市の航空記念公園のように、かつての繁栄をしのばせるようなものが若干は残っている。だが、軍都の中には、まったく跡形もなく消滅したものもある。

たとえば特攻隊の基地があった福岡県の[※④]太刀洗。ここには甲子園球場の36倍の広さの巨大な軍事飛行場があり、陸軍の飛行学校の本校もあった。太刀洗は中国や朝鮮半島、東南アジアに向かう国際航路の出発点でもあり、旅館や商店が立ち並ぶにぎやかな都市だったのである。

ところが、現在の太刀洗は、見渡す限りの田園地帯である。そこにはかつての巨大な飛行場を思わせるものは何もない。あるのは、ただ、戦前という熱狂と迷走の時代を今に伝える、土地の記憶だけである。

【注釈】

※①**中島飛行機**……大正6（1917）年に、陸軍機関将校だった中島知久平が創業した航空機メーカー。代表的な航空機は「九七式戦闘機」「隼」など。戦後はGHQに解体され、富士重工などに引き継がれた。

※②**平成27年度の予算に占める防衛関連費の割合**……平成27年度の防衛関連費は、約4兆9801億円。同年度の一般会計の約5・2％にあたる。

※③**所沢航空記念公園**……埼玉県所沢市にある公園で、「日本の航空発祥の地」として知られる。開園は昭和53（1978）年。展示物には、戦後初の国産旅客機である「YS - 11」などがある。

※④**太刀洗**……現在の福岡県三井郡大刀洗町。町名の表記は「太」ではなく「大」を使う。太平洋戦争の際には中国への前線基地、また知覧などの特攻基地の中継地として使われた。

おわりに

我々にとって「戦前の日本」というのは、どこか後ろめたい存在、コンプレックスを刺激するような存在だったのではないだろうか。

戦前の日本社会は、世界中を敵に回した大戦争を起こし、国土を焼け野原にしてしまった。そのため、どこかで日本人は戦前の記憶にふたをして、生まれ変わったような気持ちで戦後を生きてきたように思える。

だが、それも仕方がないことだったのかもしれない。

戦後、焼け野原から復興して、再び、世界の人々とうまくやっていくためには、それは必要なことだったのだろう。

しかし、もうそろそろこのタブーを解いてもいいのではないだろうか。

「戦前の日本」は、私たちの先祖たちが築き上げた社会である。今日の私たちが彼らの遺伝子を受け継いでいるのは、間違いないことなのだ。

今の我々の生活は、戦前に起源を持つものも多い。

戦前、すでに過酷な受験戦争が行われていたし、大量のサラリーマンも出現していた。

また戦前に蓄積されたものが戦後になって花開いたことも多い。

昭和39年に新幹線は開業したが、新幹線は戦後のたった19年で作られたわけではなく、戦前から計画されていたものなのである。

戦後の日本経済をリードしてきた自動車メーカー、電機メーカーのほとんどは戦前に誕生しているのだ。

我々は間違いなく戦前の恩恵、影響を受けて生きている。

彼らがどういった社会を作り、どのような生活をしていたのか?

それらを知ることは、私たちのルーツを知ることでもある。そして、それは私たちの将来のためにも必要なことではないかと思う。今後、二度と国を焼け野原にせず、安心して次の世代に引き渡すために……、先人たちの生活から学べることは決して少なくないはずである。

最後に、この企画を投げて頂いた本井編集長、制作をともにして頂いた編集者の権田氏をはじめ、本書が書店に並ぶまでにご尽力いただいた皆様に、この場を借りて御礼を申し上げます。

２０１６年１月　　著者

【参考文献】

◆第1章
猪野健治『やくざと日本人』（三笠書房）／猪野健治『侠客の条件』（現代書館）／フィリップ・ポンス『裏社会の日本史』（筑摩書房）／永井荷風『つゆのあとさき』（角川書店）／永井荷風『墨東綺譚』（旺文社）／沢田和彦『白系ロシア人と日本文化』（成文社）／ナターシャ・スタルヒン『白球に栄光と夢をのせて』（ベースボール・マガジン社）／川本三郎『荷風と東京』（都市出版）／柘植久慶『ツェッペリン飛行船』（中央公論社）／太宰治『人間失格』（講談社）／『歴史への招待24』（日本放送出版協会）／三木幹夫『ぶるうふいるむ物語』（立風書店）／長谷川卓也『猥色文化考』（新門出版社）／『変態資料　第1巻～第5巻』／下川耿史『昭和性相史・戦前戦中篇』（伝統と現代社）／森秀人『大衆文化史』（産報）／南博責任編集『近代庶民生活誌1～20』（三一書房）／梅原正紀『ドキュメント日本人6アウトロウ「梅原北明」』（学藝書林）／加太こうじ『昭和事件史』（一声社）

◆第2章
阿部康二ほか編著『証券百年史』（日本経済新聞社）／森谷正規『技術開発の昭和史』（東洋経済新報社）／原田泰『世相でたどる日本経済』（日経ビジネス人文庫）／西川俊作ほか『日本経済の200年』（日本評論社）／永原慶二『日本経済史』（岩波書店）／有沢広巳監修『日本産業史1』（日本経済新聞社）／小山仁示・芝村篤樹『大阪府の百年』（山川出版社）／レトロ商品研究所編『国産はじめて物語』（ナナコーポレートコミュニケーション）／『東京玩具卸売商同業組合史』（東京玩具卸売商同業組合発行）／自転車産業振興協会編『自転車の一世紀』（自転車産業振興協会）／『日本国勢図会昭和10年版』（国勢社）／「藤野先生と魯迅」刊行委員会『藤野先生と魯迅』（東北大学出版会）／黄文雄『日本の植民地の真実』（扶桑社）／さねとうけいしゅう『中国留学生史談』（第一書房）／永井道雄・原芳男・田中宏『ア

ジア留学生と日本』（NHKブックス）／上坂冬子『揚輝荘、アジアに開いた窓』（講談社）／前間孝則『弾丸列車』（実業之日本社）／佐藤忠男『日本映画史Ⅰ』（岩波書店）／石川弘義編『娯楽の戦前史』（東書選書）

◆第3章

佐藤秀夫『教育の文化史』（阿吽社）／上村行世『戦前学生の食生活事情』（三省堂）／管賀江留郎『戦前の少年犯罪』（築地書館）／秦郁彦『旧制高校物語』（文藝春秋）／南博＋社会心理研究所編『日本人の生活文化事典』（勁草書房）／伊藤隆監修・百瀬孝『事典昭和戦前期の日本〜制度と実態〜』（吉川弘文館）／加藤秀俊『食生活世相史』（柴田書店）／板垣邦子『昭和戦前・戦中期の農村生活』（三嶺書房）／兼松學（述）加賀谷貢樹（記）『戦前・戦後の本当のことを教えていただけますか』（PHP研究所）／清水勝嘉『昭和戦前期日本公衆衛生史』（不二出版）／草間八十吉『近代下層民衆生活誌1〜3』（明石書店）／樋口忠彦『郊外の風景〜江戸から東京へ〜』（教育出版）／大豆生田稔『お米と食の近代史』（吉川弘文館）／小菅桂子『にっぽん台所文化史』（雄山閣）／大門一樹『物価の百年』（早川書房）／西山夘三『日本のすまいⅠ』（勁草書房）／今野信雄『明治大正昭和の旅』（旅行読売出版社）／初田亨『百貨店の誕生』（三省堂）／宮脇俊三『昭和8年渋谷駅』（PHP研究所）／秋山正美『少女たちの昭和史』（新潮社）／『旅情100年　日本の鉄道』（毎日新聞社）／沢寿次『旅の今昔物語』（講談社）／佐藤卓己『『キング』の時代』（岩波書店）／塩澤実信『雑誌100年の歩み』（グリーンアロー出版社）／中川浩一『観光の文化史』（筑摩書房）／野口佳子『月給取りの昭和史』（東京法経学院出版）／岩瀬彰『「月給百円」サラリーマン』（講談社現代新書）／白木正光『大東京うまいもの食べある記』（丸ノ内出版社）／マルク・ブルディエ『同潤会アパート原景』（住まいの図書館出版局）／中村隆英編『家計簿からみた近代日本生活史』（東京大学出版会）／磯野誠一・磯野富士子『家族制度』（岩波新書）／湯沢雍彦『明治の結婚　明治の離婚』（角川書店）

◆第4章

エレノア・M・ハドレー、パトリシア・ヘーガン・クワヤマ『財閥解体～GHQエコノミストの回想～』（東洋経済新報社）／石井寛治『日本の産業化と財閥』（岩波書店）／山本一生『恋と伯爵と大正デモクラシー』（日本経済新聞出版社）／酒井美意子『ある華族の昭和史』（主婦と生活社）／タキエ・スギヤマ・リブラ『近代日本の上流階級』（世界思想社）／竹村民郎『大正文化帝国のユートピア』（三元社）／三根生久大『帝国陸軍の本質』（講談社）／『別冊歴史読本・華族歴史大事典』（新人物往来社）／『歴史読本2003年4月号 華族134年の真実』（新人物往来社）／瀬島龍三『日本の証言』（フジテレビ出版）／紀田順一郎『東京の下層社会』（新潮社）／平野謙『文学・昭和十年前後』（文芸春秋社）／法政大学大原社会問題研究所編・梅田俊英著『ポスターの社会史』（ひつじ書房）／三根生久大『帝国陸軍の本質』（講談社）／城山三郎『別冊文芸春秋85号「巨人出口王仁三郎」』（文芸春秋）／高木宏夫『新興宗教』（講談社）／山本七平『私の中の日本軍（上下）』（文藝春秋）／菊池邦作『徴兵忌避の研究』（立風書房）／足立伸子編著『ジャパニーズ・ディアスポラ』（新泉社）／五明洋『アメリカは日本をどう報じてきたか』（青心社）／庄田周平『昭和右翼史』（リッチマインド）／武藤山治『軍人優遇論』（実業同志会調査部）／上山和雄編『帝都と軍隊』（日本経済評論社）

そのほか、書籍やウェブサイトなど様々なものを参考にさせていただきました。

【写真図版の出典】

カバー写真（表1） 沼沢秀明氏提供／カバー写真（背）、本扉写真 嵐よういち氏提供／P11、P13『吉田磯吉翁伝』（竹書房）／P21、P65、P123『目で見る東京百年』（東京都）／P23『吉原はこんなところでございました』（福田利子著、主婦と生活社）／P27、P79『いつか見た風景』（毎日新聞学芸部編、ブレーンセンター）／P35『懐かし新聞広告代批評』（町田忍、扶桑社）／P39『百年前の日本　モース・コレクション写真編』（小学館）／P45、『朝日クロニクル週刊20世紀　昭和5年』（朝日新聞社）／P47『喜劇放談』（榎本健一、明玄書房）／P53、P131、P235『1億人の昭和史　日本人6』（毎日新聞社）／P59『激動の昭和スポーツ史1』（ベースボールマガジン社）／P61『朝日クロニクル週刊20世紀　昭和11年』（朝日新聞社）／P73、P154、P197『1億人の昭和史　日本人4』（毎日新聞社）／P93（左）『周恩来と私』（熊向暉、NHK出版協会）／P93（右）『韓洪九の韓国現代史Ⅱ』（韓洪九、平凡社）／P95『わが父魯迅』（週海嬰、集英社）／P99『決定版昭和史2』（毎日新聞社）／P101『実用家電便覧』（家庭電気普及会）／P104、P219『朝日クロニクル週刊20世紀　昭和2〜3年』（朝日新聞社）／P111『全満洲名勝写真帖』（松村好文堂）／P117、P171『昭和の大阪』（アーカイブス出版）／P119『レヴュー百科』（新潮社）／P125『日本映画史Ⅰ』（佐藤忠男、岩波書店）／P133『東京府立第一中学校創立五十年史』（東京府立第一中学校）／P135『決定版昭和史6』（毎日新聞社）／P141、P147、P153　嵐よういち氏提供／P159『建築の東京』（石原賢治編、都市美協会）／P161『建築の世界』（25巻7号、建築世界社）／P165『大正・昭和のブックデザイン』（ピエブックス）／P173『1億人の昭和史　日本人2』（毎日新聞社）／P177『忠犬ハチ公物語』（岸一敏、モナス）／P179、P221『1億人の昭和史　日本人5』（毎日新聞社）／P185『サナトリウム残影』（高三啓輔、日本評論社）／P189『日本の肖像　旧皇族・華族秘蔵アルバム3』（毎日新聞社）／P191『乃木院長記念写真帖』（審美書院）／P193『東京風景』（小川一真出版部）／P203『東京市内の細民に關する調査』（東京市社會局）／P205『浮浪者及残食物に関する調査』（東京市社会局）／P207『浮浪者に関する調査』（東京市統計課）／P213『新潮日本文学アルバム　小林多喜二』（新潮社）／P229『朝日クロニクル週刊20世紀　昭和10年』（朝日新聞社）／P233、P235『アメリカ大陸日系人百科事典』（アケミ・キムラ＝ヤノ編、明石書房）／P247『目で見る三鷹・武蔵野の100年』（相馬登監修、郷土出版社）

■ 著者紹介

武田知弘（たけだ・ともひろ）

1967年生まれ、福岡県出身。

出版社勤務などを経て、フリーライターとなる。

歴史の秘密、経済の裏側を主なテーマとして執筆している。

主な著書に『ナチスの発明』『大日本帝国の真実』『大日本帝国の国家戦略』（いずれも彩図社）、『ヒトラーの経済政策』『大日本帝国の経済戦略』（祥伝社新書）などがある。


教科書には載っていない！

戦前の日本

2016年2月18日 第1刷
2019年6月 3 日 第5刷

著　者　武田知弘
発行人　山田有司
発行所　株式会社　彩図社
東京都豊島区南大塚3-24-4
MTビル　〒170-0005
TEL:03-5985-8213　FAX:03-5985-8224
http://www.saiz.co.jp
https://twitter.com/saiz_sha

印刷所　新灯印刷株式会社

 ISBN978-4-8013-0124-5 C0121
乱丁・落丁本はお取替えいたします。（定価はカバーに記してあります）

本書は、平成21年1月に小社より刊行された単行本を加筆修正の上、文庫化したものです。